GRAND-PÈRE RACONTE 365 HISTOIRES

Textes de Jacqueline Bovy
Illustrations de Carlos Busquets

Éditions Hemma

Janvier

1 Les bonnes résolutions

– Le premier jour de l'an, décrète Papa, c'est le jour des grandes résolutions. Moi, cette année, je promets de repeindre toutes les chambres.

– Fantastique ! s'exclame Maman. Dans ce cas, je m'engage à te laisser regarder les matchs de foot à la télévision sans rouspéter.

– Bel effort, approuve Mamie. Pour ma part, je promets de vous faire des frites une fois par semaine et de limiter les salsifis.

– Super ! s'écrie David. Moi, je promets de ne plus dire de gros mots ! Enfin... presque plus.

– Et moi, de ne plus taquiner autant mon frère, ajoute Julie.

– Et toi, Papy, que promets-tu ?

– Eh bien moi, répond Papy en riant, je promets de vous rappeler vos bonnes résolutions chaque fois que vous les oublierez !

2 Cousin, cousine

Toute la famille est invitée à dîner chez le parrain de David et la marraine de Julie. Leur cousin, Loïc, est tout heureux de les voir. Bientôt, les deux garçons jouent aux Indiens et courent partout en poussant des cris perçants. Julie, qui dessine sagement, soupire :

– Comme ils sont bruyants ! Décidément, je n'aime pas trop les garçons.

Mais Loïc, passant près d'elle à ce moment, lui plaque un gros bisou sur la joue en s'exclamant :

– Moi, j'aime bien les filles ! Et surtout ma cousine, qui est si jolie !

Un bonhomme de neige bien équipé 3

Il a neigé toute la nuit. Les enfants ont dressé dans le jardin un énorme bonhomme de neige, éclatant de blancheur. Trop blanc, peut-être ; il va falloir le décorer. David et Julie vont vite chercher tous les accessoires nécessaires.

Voilà ! Il est superbe, à présent. On peut le montrer à tout le monde.

– Splendide, félicite Papa. Mais... c'est ma plus belle cravate qu'il porte ! C'est trop fort !

– Très réussi, approuve Maman. Mais... ce foulard, qui l'a autorisé à me l'emprunter ?

– Il a belle prestance, reconnaît Papy. Mais de quel droit est-il coiffé de mon chapeau ?

– Je ne le vois pas bien, soupire Mamie. Depuis ce matin, je ne retrouve pas mes lunettes. Mais je crois à présent deviner qui les a sur le nez !

4 Sauve souris

Papy est formel : il y a une souris dans le garage. Il prépare un piège pour l'attraper, y glisse un petit morceau de fromage comme appât.

– Tu ne vas pas la tuer ? s'inquiète Julie. Je t'en prie, Papy, ne la tue pas !

Alors, Papy reprend son piège. Il cache du fromage au fond d'un panier et entraîne Julie hors du garage. Une heure plus tard, la souris est dans le panier, que Papy sort avec précaution du garage.

Et la souris ne se fait pas prier pour se sauver !

5 Bataille de boules de neige

Nicolas et Manon sont venus jouer avec David et Julie. Ils organisent une bataille de boules de neige dans le jardin : les filles contre les garçons. Chaque équipe a établi son camp et prépare ses munitions. Voilà, la bataille peut commencer.

– Touché ! crie David.

– Non, tu m'as ratée, répond Manon.

Touché ? Raté ? Il faudrait un arbitre, décident les enfants. Papy est justement en train de brosser la neige sur la terrasse. Il ne se fait pas beaucoup prier pour accepter d'arbitrer la bataille.

– Un à zéro... Deux à zéro... Deux à un...

Julie se secoue. La neige lui dégouline dans le cou. Nicolas frotte son nez que vient d'atteindre la boule de Manon. Papy a froid et fait quelques pas pour se réchauffer. Il s'approche du camp des filles et PING ! la boule de David s'écrase sur son dos.

– On ne tire pas sur l'arbitre, proteste Papy.

– Oh, si ! Tous sur l'arbitre, s'écrie David.

Et Papy s'élance dans le jardin, poursuivi par les enfants qui le bombardent. On court, on rit, on glisse, on tombe et on se roule dans la neige, qui colle aux vêtements.

Bientôt, Mamie voit revenir cinq bonshommes de neige, blancs de la tête aux pieds. Vite, des serviettes et du chocolat chaud pour les dégeler !

6

La fête des Rois

– J'ai fait une galette pour la fête des Rois, annonce Mamie.

– Chouette ! dit Julie, j'espère que j'aurai la fève. Si c'est toi qui l'as, David, tu me choisiras pour reine ?

– On verra, répond David. Je déciderai à ce moment-là.

– Allons, les enfants, ne vous taquinez pas, dit Papa. La fève, je sens qu'elle sera pour moi !

– Alors, je serai la reine ? demande Maman.

– On verra... Je déciderai à ce moment-là.

– Aïe ! s'écrie Papy, ma pauvre dent ! La fève, elle est chez moi.

– Alors, la reine, c'est moi ? demande Mamie.

– Bien sûr. Viens, ma reine, allons nous reposer. Nos sujets débarrasseront la table !

7

Retour à l'école

Les vacances de Noël sont terminées. Il faut à nouveau se lever tôt et partir dans le froid pour une journée d'école. Afin de consoler les enfants, Papy a préparé une surprise : il les conduira à l'école avec les traîneaux ! Les routes sont encore enneigées, on pourra donc glisser sans peine. Sur le premier traîneau, Papy installe les enfants et, sur le deuxième, les cartables, solidement attachés. Sur la route, on rencontre d'autres attelages du même genre. Les enfants s'appellent d'une luge à l'autre. L'arrivée à l'école se fait dans les rires et la joie. Voici une rentrée qui commence bien ! D'autant plus que, Papy l'a promis, il sera là pour le retour, avec les traîneaux.

8 Boucle d'or et les trois ours

Mamie a préparé de la crème. Mais elle est trop chaude. Il faut attendre pour la manger.
– Cela me rappelle Maman Ours, dit Papy.
Un matin, elle avait préparé de la bouillie au miel et Bébé Ours s'est brûlé la langue en voulant la manger trop chaude. Pour le consoler, Papa Ours a proposé une promenade en attendant que la bouillie refroidisse. Tandis qu'ils se baladaient, Boucle d'or est passée par là, a vu leur maison ouverte et y est entrée. Elle était très curieuse, et pas très embarrassée ! Elle a vu les bols sur la table et a goûté d'abord la bouillie de Papa Ours, qu'elle a trouvée trop chaude, puis celle de Maman Ours, qu'elle a trouvée trop froide, et enfin celle de Bébé Ours, qu'elle a trouvée « juste comme il faut » et qu'elle a mangée entièrement.
– Ma crème est juste bonne à manger, annonce Mamie. À table, les enfants !

9 Boucle d'or poursuit son exploration

– Ils n'ont pas dû être contents, les trois ours, lorsqu'ils sont rentrés, remarque Julie.
– En effet, répond Papy, d'autant plus que Boucle d'or ne s'est pas arrêtée là ! Après avoir mangé la bouillie, elle a voulu s'installer dans un fauteuil. Elle a essayé celui de Papa Ours, qu'elle a trouvé trop haut, puis celui de Maman Ours, trop bas, et enfin le petit fauteuil à bascule de Bébé Ours, qu'elle a trouvé « juste comme il faut », et sur lequel elle s'est si bien balancée qu'elle l'a cassé ! Ensuite, elle a visité les chambres. Le lit de Papa Ours était trop dur à son goût et celui de Maman Ours, trop mou. Mais le lit de Bébé Ours était « juste comme il faut », et elle s'y est endormie.
Ah ! Julie, elle aussi, s'est endormie. La fin de l'histoire sera donc pour demain...

10 La fin des aventures de Boucle d'or

– En rentrant chez eux, poursuit Papy, les trois ours ont voulu manger leur bouillie. « Qui a goûté ma bouillie ? » a demandé Papa Ours de sa grosse voix. « Qui a goûté ma bouillie ? » a demandé Maman Ours de sa douce voix. « Qui a mangé toute ma bouillie ? » a demandé Bébé Ours de sa toute petite voix. Et il s'est mis à pleurer. « Qui s'est assis dans mon fauteuil ? » a demandé Papa Ours de sa grosse voix. « Qui s'est assis sur le mien ? » a demandé Maman Ours de sa douce voix. « Et qui a cassé le mien ? » a demandé Bébé Ours de sa toute petite voix. « Quelqu'un est venu dans notre maison ! » a grondé Papa Ours, et il s'est précipité vers les chambres. « Qui s'est couché... » a commencé Papa Ours. « Oh, regardez sur mon lit ! » a soufflé Bébé Ours. Alors, Boucle d'or s'est réveillée, a découvert les trois ours, et s'est enfuie par la fenêtre.

C'est trop injuste ! 11

– C'est trop injuste ! proteste David en rentrant de l'école. L'instituteur m'a donné une punition et je n'avais fait que me défendre !

– Pauvre chou, console Mamie, raconte-moi...

– Eh bien, Corentin ne faisait que m'ennuyer depuis le matin, alors j'ai fini par m'énerver : je l'ai un peu secoué, il est allé se plaindre... et c'est moi qu'on a puni !

– La vie est parfois bien injuste, acquiesce Mamie. Ainsi, tout à l'heure, Papy cherchait partout sa loupe. Il l'a retrouvée à la cuisine, où tu l'avais abandonnée hier. Pour ne pas qu'il te gronde, j'ai dit que c'était moi qui l'avais utilisée. Et c'est à moi qu'il a reproché de ne jamais rien ranger. Oui, c'est trop injuste...

12 La curiosité est un vilain défaut

– Julie, se fâche Papy, que cherches-tu encore dans cette armoire ? Elle ne contient rien que tu puisses prendre.

– Je regardais seulement, bredouille Julie.

– La curiosité est un vilain défaut, gronde Papy, je te l'ai déjà dit ! Et tu risques bien des ennuis si tu touches à ce qui ne t'appartient pas. Souviens-toi de Boucle d'or ! Elle a visité la maison des trois ours en leur absence, a mangé la bouillie de Petit Ours, cassé son fauteuil, et s'est endormie dans son lit. Elle trouvait normal de se promener dans cette maison sans permission mais, lorsque les trois ours sont rentrés, elle a eu la peur de sa vie et s'est sauvée en courant. Et tu ferais bien d'en faire autant avant que je ne t'attrape, petite curieuse !

13 La nouvelle histoire de Boucle d'or et les trois ours

Julie invite Papy à une représentation théâtrale de « Boucle d'or et les trois ours ». Elle a installé la scène : une table, des chaises et des lits de poupée. Trois ours en peluche sont à table. Maman Ours a fait de la bouillie. « Trop chaude », décrète Julie, qui envoie les ours se promener et fait entrer en scène Poupée Boucle d'or. Elle goûte la bouillie : « Trop chaude... trop froide... juste comme il faut ! » et mange celle de Bébé Ours. Elle essaie les chaises : « Trop haute... trop basse... juste comme il faut ! », s'assied sur la chaise de Bébé Ours... et la casse ! Elle essaie les lits : « Trop dur... trop mou... juste comme il faut ! ». Elle se couche et s'endort. Julie récupère les trois ours. Petit Ours découvre son bol vide mais, au lieu de pleurer, il s'écrie : « Chouette, Boucle d'or est revenue ! »

Et Julie demande à Papy :

– Tu ne la trouves pas plus jolie comme ça, cette histoire ?

14 Où sont les promesses du jour de l'an ?

– Ce soir, il y a du foot, annonce Papy.

– J'ai acheté les pots de couleur pour les chambres, dit Papa, je pense donc pouvoir regarder.

– Bien sûr, acquiesce Maman en souriant. Tu commenceras à peindre demain, je suppose ?

– Julie m'a ennuyé toute la journée, claironne David.

– Tu m'as appelée « pauvre cloche » et tu m'as dit au moins dix gros mots, riposte Julie.

– Moi, je tiens mes promesses, je fais des frites ! crie Mamie de la cuisine.

– J'ai acheté un petit carnet pour noter tous les rappels que je dois vous faire, déclare Papy. Je fais donc tout pour vous aider à tenir vos engagements. Vous pourriez me dire merci, au lieu de faire la grimace ! Tant d'ingratitude me fend le cœur !

Tout est dans la casquette 15

Papy et Mamie sortent ce soir : dîner chic et tenue de soirée obligatoire. Mamie est prête : robe longue, maquillage et collier de perles. Papy sort enfin de sa chambre, sanglé dans un magnifique costume.

– Que vous êtes beaux ! s'exclament les enfants. Mais, Papy, tu n'enlèves pas ta casquette ?

– Pas question, répond Papy, vous savez bien que je ne l'enlève jamais ! C'est mon porte-bonheur depuis qu'elle m'a sauvé la vie.

– Tu ne nous as jamais raconté ça ! Raconte, s'il te plaît !

– Il vous racontera demain, intervient Mamie. Nous devons partir à présent. Allez, viens, beau matelot ! Tu ne seras sans doute pas le plus chic, ce soir, mais tu seras sûrement le plus original.

Le petit mousse 16

– Lorsque j'avais seize ans, je me suis engagé comme mousse sur un bateau, raconte Papy. Je voulais faire le tour du monde.
– Et tu l'as fait ? demande David, plein d'admiration.
– Pas tout à fait. Mais j'ai quand même navigué un an et j'ai vu de nombreux pays. En tout cas, j'ai fait le tour du bateau ! Comme mousse, on est chargé de toutes les corvées : frotter le pont, éplucher les pommes de terre, réparer les voiles, nouer les cordages, faire la lessive... et j'en passe ! C'est vraiment très fatiguant. Mais, vous me connaissez, je suis très courageux ! Alors, je travaillais tant que, pour me récompenser, on m'a offert cette casquette. Et un jour...

La tempête 17

– Un jour, il y a eu une énorme tempête, explique Papy.
Les vents étaient d'une violence inouïe et les vagues faisaient valser le bateau. J'étais monté au grand mât, car la voile se détachait. Je suis tombé à l'eau et j'ai bien failli me noyer car la mer était si forte que je n'arrivais pas à nager. J'avais la tête sous l'eau et je tenais ma casquette à bout de bras, essayant de l'agiter au-dessus des flots. Un des marins l'a vue et m'a lancé une bouée. Je m'y suis agrippé, et il m'a hissé à bord ! Depuis, je ne quitte plus ma casquette.
C'est mon porte-bonheur, car c'est grâce à elle que j'ai pu être sauvé !

18

Les kangourous

– Quels pays as-tu visités ? demande David.

Papy énumère, en comptant sur ses doigts :

– Le Portugal, le Brésil, la Côte-d'Ivoire, les Indes, le Japon et l'Australie.

– Et tu as vu des kangourous ? demande Julie.

– Oui, j'en ai même porté un sur le ventre ! dit Papy en riant. Je tenais mon sac de marin devant moi, et il a sauté dedans ! J'aurais bien aimé l'emmener sur le bateau mais sa mère n'était pas d'accord, et le capitaine non plus…

19

La luge, c'est super !

Papa et Papy emmènent les enfants faire de la luge. La luge, c'est super ! On glisse à toute vitesse. David et Julie sont aux anges. Évidemment, il faut, après chaque descente, remonter les luges au sommet de la pente. C'est bien fatiguant ! Mais on le fait sans se plaindre car la luge, c'est super ! Aïe ! Julie a mal calculé son trajet ; elle va heurter un arbre ! Non, elle l'a évité ! Mais elle bascule et tombe dans la neige. C'est froid et douloureux, mais elle ne pleure pas car la luge, c'est super ! Ouille ! La corde de la luge de David accroche une pierre. La luge stoppe net, mais pas David, qui continue seul, tête en avant dans la neige. Il en a partout : dans la bouche, le nez, les yeux et le cou. La luge, c'est vraiment super ! D'ailleurs, ils recommenceront demain.

Deux malades épuisants 20

David et Julie ont les joues rouges, les yeux trop brillants et mal à la gorge. Le médecin diagnostique une pharyngite. Pas d'école pendant trois jours. Les enfants s'en réjouiraient s'ils ne se sentaient pas si mal.

– J'ai froid, pleurniche Julie.

– J'ai trop chaud, se plaint David.

– C'est la fièvre, explique Mamie.

Elle les soigne et les dorlote : couvertures, jus d'orange, crème.

– J'aime mieux le jus de pomme, dit David.

– Et moi la crème à la vanille, ajoute Julie.

Mamie les installe dans le divan.

– Mamie, David prend toute la place !

– Mamie, Julie met ses pieds sur moi !

Mamie s'assied entre eux, et leur raconte l'histoire du Petit Chaperon rouge...

Le soir, les enfants se sentent mieux.

Mamie, épuisée, s'est endormie dans le fauteuil.

Aux abris ! 21

Aujourd'hui, c'est Papy qui s'occupe des malades. Ils vont un peu mieux et voudraient dessiner. Papy prépare papier et crayons. Les enfants dessinent un quart d'heure, puis ils en ont assez. Ils prennent un jeu de société.

– Tu avais fait cinq, et pas six, sale tricheur ! Papy ! David triche, proteste Julie.

– Ce n'est pas vrai. Et puis zut ! Je ne joue plus. Je vais regarder une cassette, dit David.

– Un dessin animé !

– Oh ! non. Moi, je voulais le documentaire sur les dinosaures.

– Papy, c'est pas juste. C'est toujours David qui choisit !

– Papy, ce n'est pas vrai, c'est Julie qui veut toujours décider !

Mais Papy s'est éclipsé, incapable d'en supporter davantage

Guéris et sages 22

Les enfants sont pratiquement guéris et ont promis d'être sages. Ils voudraient que Mamie joue avec eux. Mais Mamie n'a pas le temps, elle doit nettoyer. Et Papy s'est caché au grenier. Alors, pour s'occuper, ils décident de ranger leur chambre. D'abord, il faut vider toutes les caisses à jouets pour pouvoir trier. En peu de temps, le désordre est indescriptible, il y a des jouets partout. David retrouve un camion qu'il croyait perdu ; Julie, une petite poupée dont elle avait oublié l'existence. Ils jouent quelque temps puis, découragés par l'ampleur du rangement à entreprendre, décident d'aller regarder un peu la télévision. Ils s'y plaisent et oublient leur chambre. Quand Papa et Maman rentrent du travail, Mamie leur dit que les enfants vont beaucoup mieux, et Papy ajoute qu'ils ont été très sages. Les parents en sont tout heureux. Jusqu'au moment où ils découvrent la chambre dévastée...

En route pour l'aventure 23

– Je m'ennuie, soupire Julie. Et David ne veut pas jouer avec moi.

– Elle veut tout le temps jouer à papa et maman. J'en ai marre, moi ! râle David.

– J'ai une idée, dit Papy, nous allons explorer le musée des souvenirs familiaux. En route pour le grenier et l'aventure !

– C'est plein de poussière et de toiles d'araignées, proteste Julie.

– C'est ma foi vrai, répond Papy. Eh bien, avant d'explorer, nous allons nettoyer.

– Nettoyer le grenier, tu parles d'une aventure ! rouspète David.

– Haut les cœurs, moussaillons ! Sous la saleté, je vous promets des surprises et, pour chaque objet nettoyé, une histoire. Alors, cessez de protester. Sortez les serpillières et... sus à la poussière !

24

La machine qui casse tout propre

– Tout est propre maintenant, constate Julie. Nous pouvons explorer. Mais par quoi commencer ?

– Par cette machine bizarre, dit David. À quoi sert-elle, Papy ?

– À prendre les poussières. Je l'avais inventée pour Mamie.

– À prendre les poussières ! Tu aurais pu le dire plus tôt, proteste David.

– Je n'ai pas osé, soupire Papy. Je n'ai jamais pu la régler correctement et elle est si brutale qu'elle pulvérise non seulement la poussière, mais aussi les objets qu'elle doit nettoyer. Mamie ne m'a jamais pardonné ses bibelots cassés. N'allez surtout pas lui parler de cette machine, elle me ferait la tête rien que d'y repenser.

25

La médaille du grand sorcier

– Et cette jolie médaille, Papy, quelle est son histoire ? demande Julie.

– Elle m'a été offerte par un marchand africain. Son chameau ne pouvait plus marcher et il voulait que je le guérisse, car il me croyait sorcier. J'ai essayé de le détromper, mais il n'a rien voulu entendre. Je me suis donc agenouillé près du chameau et j'ai commencé à baragouiner des paroles magiques :

« Abracadabra, Am Stram Gram, Bouchi, Boucha, Qu'est-ce que je fais là, etc. »

Je me demandais comment me sortir de cette situation stupide quand, soudain, j'ai remarqué une grosse épine enfoncée dans la patte du chameau. Je l'ai retirée et voilà, il était guéri. Le marchand m'a dit : « Toi, grand sorcier » et m'a offert cette médaille pour me remercier.

26

Qui cherche de l'or trouve des clous

– Oh, un tamis ! s'exclame Julie. Tu me le donnes pour jouer dans le sable ?
– Ce tamis a près de cent ans, ma chérie, et ce n'est pas un jouet. Il appartenait à mon grand-père, qui était chercheur d'or. Il puisait les alluvions au fond des cours d'eau et les passait au tamis pour découvrir de l'or. Il était persuadé qu'il en trouverait beaucoup et serait l'homme le plus riche du monde. Il a exploré bien des rivières, en Europe, en Amérique et en Afrique. Il fut un homme heureux, riche de tous ces voyages merveilleux.
– Et il a trouvé beaucoup d'or ? demande David.
– Non, pas d'or du tout. Mais des tonnes de cailloux, et des kilos de vieux clous.

27

Le tonton marmiton

– Cette cuillère en bois, demande David, c'est en souvenir de quoi ?
– En souvenir de tonton Léon, qui était marmiton chez le baron Grosbidon. Le baron ne rêvait que de boustifaille, festin et ripaille. Et ses cuisiniers, à longueur de journée, plumaient des poulets, évidaient des brochets ou épluchaient des navets. Mais le plus important, pour ce baron gourmand, était de déguster, à chaque souper, une sauce nouvelle, qui devait l'étonner. Tonton Léon était vraiment le roi pour ces sauces de choix. Si bien que le baron, pour ce don d'exception, le fit grand chevalier de l'ordre des Sauciers dont l'emblème est, ma foi, une cuillère en bois.

28

L'igloo

David et son copain Jonathan bâtissent un igloo. C'est un travail qui demande beaucoup de patience. Il faut construire des briques de neige et les empiler. Les murs ne montent pas vite. Une seule solution pour arriver quand même au bout de l'ouvrage : réduire les dimensions.
Voilà, c'est terminé, mais pas question de pouvoir y entrer !
– C'est un igloo de poupées, constate Jonathan.
Voilà qui donne une idée à David ! Vite, il court chercher deux poupées de Julie et les installe dans la maison de neige, juste à leur taille.
Ils sont contents d'eux. Mais qu'en dira Julie ?

29

Julie n'est pas contente

– Maman, je ne retrouve pas Martine et Laura, annonce Julie, le soir.
– Cela ne m'étonne pas, répond Maman, tu ne ranges jamais tes jouets.
– Mais je les ai cherchées partout ! Je t'assure qu'elles ont disparu.
Maman aide Julie à chercher encore et doit bien avouer que les poupées ont vraiment disparu. Julie a les larmes aux yeux et David, voyant le chagrin de sa sœur, se décide à expliquer où sont les poupées.
Les larmes de Julie se changent en colère et Papa, armé d'une lampe de poche, va rechercher les poupées des neiges, qu'il ramène… complètement gelées !
Maman les emmène alors à la salle de bains où, grâce au sèche-cheveux, elle décongèle ces pauvres Esquimaux.

30 Pommes d'amour

Mamie a conservé quelques pommes de la récolte de septembre. Elle les avait soigneusement étendues sur du papier journal au grenier, qui sent si bon grâce à elles ! Avec l'aide de Julie, Mamie prépare des pommes d'amour.

D'abord, il faut cuire les pommes, en évitant qu'elles ramollissent trop, puis les rouler dans le sirop de sucre et, enfin, les piquer d'un bâton et les laisser refroidir.

Le plus difficile, c'est d'attendre pour pouvoir les manger.

Mais alors, quel délice ! Et quelle fête ! On se croirait sur la foire !

Bulletin mensuel 31

– Encore des salsifis ! rouspète David.

– J'en fais très rarement, dit Mamie. J'ai tenu parole. Et toi, as-tu dit moins de gros mots ?

– Bien sûr ! Si tu ne l'as pas remarqué, ce n'est pas la peine que je fasse des efforts pareils !

– Moi aussi je fais des efforts pour moins te taquiner, dit Julie, et tu ne les vois pas !

– Si, un petit peu, admet David. Mais c'est rare.

– Moi, j'ai repeint une chambre... et regardé trois matchs de football, ajoute Papa en souriant à Maman. Nous tenons tous nos promesses. Pas vrai, Papy ?

Papy prend son carnet et lit : « *Bulletin mensuel* »

Mamie, Maman et Papa : bon début. David et Julie : peuvent faire mieux. Papy : excellent élève, respecte parfaitement ses engagements.

Février

1 Nos amis les oiseaux

Il fait encore bien froid. Si froid que des glaçons pendent du toit. Si froid que nos amis les oiseaux ne trouvent rien pour se nourrir. Heureusement, Papa leur a acheté des graines, qu'il a suspendues en chapelets au gros bouleau devant la maison.

Pour le plaisir des enfants, il en a dispersé aussi sur l'appui de la fenêtre, et les oiseaux, peu farouches, se régalent sous l'œil attentif de Maman et des petits.

Une bonne nouvelle 2

Au repas du soir, Papy annonce qu'il a une bonne nouvelle :
Tante Adèle et Tonton Gaston ont annoncé leur visite dans deux jours.
– Sauve qui peut ! dit Papa. D'ailleurs, j'ai du travail en retard au bureau. Je ne pourrai pas être là.
Maman répond qu'il ne peut en être question. Il a déjà fait ce coup-là lors de la précédente visite de Tante et Tonton. David et Julie ne sont pas ravis non plus. Tante Adèle passe son temps à chatouiller Julie, qui déteste ça, et Tonton Gaston oblige David à faire des calculs pour vérifier ses progrès. Mamie est ennuyée car elle ne retrouve pas le vase affreux que Tante Adèle lui a offert à sa dernière visite.

Papa avoue, un peu gêné, qu'il est à la cave : il s'en sert pour faire tremper ses pinceaux.
– J'étais certain que ma bonne nouvelle ferait plaisir à tout le monde ! déclare Papy en souriant.

3 Préparatifs

Mamie a passé une heure à nettoyer le vase de Tante Adèle. Elle le pose bien en évidence sur le meuble de l'entrée, avec un bouquet de houx. Maman réfléchit au menu du repas à servir aux invités. Tante Adèle n'aime pas le poisson et Tonton Gaston déteste la viande rouge. Papy propose du canard : cela plaît toujours. Papa essaie de convaincre Maman qu'il a vraiment du travail en retard. Julie projette de mettre des épingles dans ses vêtements pour que Tante Adèle s'y pique en la chatouillant. David se demande s'il pourrait éviter les calculs de Tonton Gaston en prétextant qu'il a mal à la gorge. Le chat s'est couché à sa place habituelle, sur le meuble de l'entrée. Il se pique au houx, s'écarte d'un bond... et le vase tombe sur le carrelage, où il éclate en mille morceaux. Tout va pour le mieux ! Vivement demain !

Les voilà ! 4

On sonne. Maman ouvre la porte aux invités. On dirait qu'un ouragan envahit la maison. Tonton Gaston donne de grandes claques amicales dans le dos de Papy et de Papa. Tante Adèle appelle Julie, qui sort à contrecœur de sa cachette, et subit sa première séance de chatouilles. Tonton Gaston montre à David deux pages de calculs préparées à son attention. Tante Adèle offre à Mamie un cache-pot hideux. Papa sert les apéritifs en soupirant. À la cuisine, Maman s'occupe du canard. Il est doré à point. Au salon, Tonton Gaston raconte à Mamie que, la veille, il a mangé du canard à l'orange, qu'il n'a pas digéré.

– C'est lourd à digérer, le canard, ajoute Tante Adèle, le poisson, c'est plus léger.

On entend un grand bruit dans la cuisine : Maman a lâché le canard... juste sur le cache-pot de Tante Adèle.

5 Encore une fille !

Julie regarde Nathalie, sa tante, avec insistance : son ventre est bien gros !

– Eh oui, je vais avoir un bébé, dit Nathalie en riant.

– J'espère que c'est un garçon, remarque David. Nous avons déjà cinq cousines pour trois cousins.

– Je n'en suis pas encore sûre, répond Nathalie, mais le docteur pense que c'est une petite fille.

– Chouette ! s'exclame Julie. Oh ! ton ventre bouge !

– C'est le bébé qui bouge, explique Nathalie. Pose ta main là, et tu le sentiras.

– C'est merveilleux, s'extasie Julie. Je voudrais être grande pour avoir comme toi un bébé dans mon ventre !

6 Un marteau, ça sert à tout !

– David, qu'as-tu fait de mon marteau ? demande Papy.

– Je n'y ai pas touché ! proteste David. Pourquoi est-ce toujours moi qu'on accuse ?

– Parce que c'est toujours toi qui prends mes outils et qui oublies ensuite de les ranger. Je te rappelle que, la semaine dernière, j'ai retrouvé mon tournevis dans ta boîte de cubes et ma pince sous ton lit. Alors, pour le marteau, je me pose des questions.

– Il est peut-être resté près du poteau de torture, avoue David.

– Quel poteau de torture, nom d'une pipe ? s'écrie Papy.

– Celui où j'ai attaché Julie en jouant aux Indiens. Et à propos de pipe, je te rapporte la tienne, que j'avais empruntée aussi pour fumer le calumet de la paix..

– Dépêche-toi, rugit Papy, ou c'est toi que j'attache au poteau de torture !

Un vilain métier 7

– Papy ! Papy ! s'écrie Julie, Plouf a attrapé une souris ! Il faut la délivrer !

– C'est impossible, ma chérie, explique Papy. Plouf ne me laisserait pas la lui reprendre.

– Mais ce n'est pas juste ! proteste Julie. Moi, je veux les sauver et lui, il les mange ! Il n'en n'a pas besoin. Il est bien nourri, ici.

– C'est vrai, dit Papy. Mais sa nature le pousse à chasser. Il fait son métier de chat.

– Un bien vilain métier ! s'exclame Julie. Ce n'est pas le métier que je choisirai quand je serai grande !

Un beau feu 8

Comme il n'a pas plu depuis plusieurs jours et qu'il n'y a pas de vent, Papy a décidé de brûler dans le jardin le gros tas de branches que Papa a coupées la semaine dernière en élaguant les arbres. David voudrait allumer le feu mais Papy n'est pas d'accord : c'est trop dangereux ! Les enfants doivent se tenir à l'écart et se contenter de regarder. David n'est pas content et commence à bouder. Mais bientôt, les flammes montent dans l'air froid de l'hiver et les enfants se laissent prendre à leur magie. Le feu, lorsqu'il est sans danger et bien surveillé, c'est un spectacle magnifique !

9 Youpi

Papa et Maman rentrent du bureau, les enfants se précipitent pour les accueillir et... ça alors ! Papa vient de poser par terre une caisse d'où bondit un petit chien mignon comme tout. Les enfants restent sans voix. Ce chien serait-il pour eux ? Ce serait merveilleux ! Il y a si longtemps qu'ils en rêvent.

– Je vous présente Youpi, dit Maman. Elle a un an. Ses maîtres partent à l'étranger définitivement et ne peuvent l'emmener ; aussi, si vous êtes d'accord, nous allons l'adopter.

D'accord ? Mais bien sûr qu'ils sont d'accord ! Ils sont même fous de joie ! Surtout lorsque Youpi les gratifie d'un généreux coup de langue sur la joue.

Chien et chat... 10

Youpi semble apprécier son nouveau domicile et ses nouveaux maîtres. Elle est gentille et joueuse. Elle court avec les enfants dans le jardin et les petits rient aux éclats. Le seul qui fasse la tête, c'est le chat ! Depuis hier, Plouf se perche sur les meubles ou sur les arbres et examine d'un œil noir ce gros animal qui a investi son domaine. Pourtant, Youpi remue la queue et aboie sur un ton engageant. Mais Plouf se hérisse et souffle entre ses dents pour l'intimider. Entre ces deux-là, c'est mal parti !

11

Amis !

Youpi, derrière la porte donnant sur le jardin, pleure pour sortir. David s'aperçoit que Plouf s'est réfugié dans un arbre et que Champion, le chien des voisins, tourne au pied de l'arbre en aboyant d'un air menaçant. David ouvre alors la porte et Youpi se précipite sur Champion, en grognant furieusement. Champion, pas trop fier, s'enfuit sans insister. Youpi lance un petit aboiement gai vers Plouf et regagne lentement la maison. Après un peu d'hésitation, le chat quitte son abri et s'approche du chien, qui remue la queue. Chien et chat rentrent ensemble. Ces deux-là seront amis, c'est certain !

12

Ranger n'est pas magique

– Julie, il y a une heure que je t'ai demandé de ranger ta chambre et tu n'as encore rien fait ! se fâche Maman.

– Mais je range, Maman ! proteste Julie. J'essaie de claquer des doigts pour que les jouets retournent dans le placard. J'ai vu ça dans un film, hier. Mais je n'arrive pas à bien le faire. Mes doigts sont trop petits.

– Alors, tu ferais bien de t'y prendre autrement si tu ne veux pas y passer la journée, conseille Maman.

– Ce n'est pas juste, gémit Julie, pourquoi est-ce que je n'ai pas des pouvoirs magiques ?

– Tu n'as qu'à t'entraîner, répond Maman. Cela viendra peut-être. Mais d'abord, range ta chambre !

À la piscine

13

Papy emmène les enfants à la piscine. Julie s'amuse dans le petit bain avec une grosse bouée et David entraîne Papy vers le plongeoir. Il saute le premier et se retourne pour admirer le superbe plongeon de Papy. Soudain, il aperçoit un bout de tissu qui remonte à la surface et flotte près de lui. Le maillot de Papy ! Il a glissé lors du plongeon ! Vite, David s'en empare, le maintient sous l'eau, accroché à ses orteils et joue l'innocent. Papy revient vers lui en nageant presque debout. Ses yeux explorent la surface de la piscine en tous sens et il a le visage tout rouge.

– Si nous allions rejoindre Julie ? propose David, taquin.

– Va, je reste encore un peu, bredouille Papy, dont le visage vire au gris.

David fait la planche et montre ses pieds en riant :

– Pas de panique, mon Papy, je l'ai trouvé moi, ton sacré maillot !

Pauvre Papa !

14

Papa est heureux : il a déjà repeint les chambres des enfants et celle des grands-parents. Il ne lui reste donc plus qu'une chambre à faire et il est tout fier.

– C'est très bien, constate Mamie. Mais le hall d'entrée aurait bien besoin aussi d'être remis à neuf… et aussi la cuisine…

– Et la salle à manger, ajoute Maman.

– Oh, mon Dieu ! gémit Papa. J'en ai pour des mois !

– Je t'aiderai, propose Maman.

– Moi aussi, ajoute Papy : je choisirai les couleurs.

Carnaval 15

Aujourd'hui, c'est bal de carnaval à l'école. Julie s'est déguisée en fée, avec une longue robe rose, un chapeau doré et une baguette magique. David est en cow-boy : pantalon, gilet, bottes, chapeau et un ceinturon avec deux pistolets. Dans la grande salle de l'école, des sorcières, des Zorro, des princesses et des cosmonautes dansent ou lancent serpentins et confettis. Comme ils s'amusent ! Ils voudraient que cette journée dure toujours ! Hélas, le bal s'achève. Mais le soir, en se déshabillant, les enfants découvrent plein de confettis dans leurs vêtements, et la fête recommence !

16 Le carnaval de Binche

Toute la famille embarque dans la voiture pour aller assister au carnaval de Binche. Les enfants ont remis leurs déguisements et sont tout heureux. Quelle foule ! C'est déjà amusant de se mêler à tous ces gens qui rient, et dont beaucoup sont déguisés. Mais lorsque commence la parade et que surviennent les Gilles, dans leurs beaux costumes, avec leurs magnifiques chapeaux à plumes, David et Julie crient d'admiration. Vite, il faut se précipiter pour attraper les oranges et les bonbons que lancent les Gilles. Papa prend David sur ses épaules, tandis que Papy se charge de Julie : il ne faut pas que les enfants soient bousculés ! De là-haut, le spectacle est encore plus beau ! À la fin du défilé, David et Julie ont les yeux remplis d'images merveilleuses et les mains pleines de bonbons. C'était fantastique ! On reviendra l'année prochaine, c'est juré !

17 Petit-déjeuner

Toutes les oranges ramassées hier ont donné une idée aux enfants : ils vont préparer le petit-déjeuner. Tôt levés, ils commencent par presser les oranges pour faire du jus. Attention, c'est plein de pépins ! Il faut veiller à les enlever. Le pain grillé, c'est excellent. Et s'il est un peu brûlé, on le cache sous la confiture ! Voilà, la table est prête. Mais que font parents et grands-parents ? Ces paresseux sont toujours au lit ? Il faut les réveiller ! Julie prend sa flûte, et David, son tambour :

– À table, à table ! Debout, les paresseux ! Tout est prêt.

– Il n'y a pas de café, grommelle Papy.

– Ne joue pas les rabat-joie ! gronde Mamie.

Ce petit-déjeuner est délicieux. Pour ma part, je souhaiterais cela tous les jours !

18 L'anniversaire de David

Aujourd'hui, David a huit ans. Il a invité une dizaine de copains pour fêter son anniversaire. Mamie a préparé un gros gâteau. Papa a gonflé des tas de ballons, qu'il a accrochés dans le jardin. Maman y a caché des petits papiers avec des messages pour une chasse au trésor. Tout est prêt et les enfants sont impatients que la fête commence. Ah ! voici les invités. Ils offrent leurs cadeaux à David : des livres, des petites voitures, un ballon... Puis, tous se précipitent au jardin. La chasse au trésor est une réussite. Les enfants ont bien joué et méritent leur goûter. « Bon anniversaire, David ! » chantent-ils, pendant que David souffle ses bougies. Mais... que se passe-t-il ? Toutes les bougies se rallument sans arrêt. Ce sont des bougies magiques ! comprend enfin David, rouge et à bout de souffle. Encore une blague de ce coquin de Papy !

19 À chacun sa toilette

Papa a pris son courage d'une main et sa scie de l'autre. Il faut couper toutes les branches mortes et aérer les arbres. Un coup de scie par-ci, un coup de sécateur par-là. Et voilà, il ne reste plus qu'à tout ramasser. David se propose, il adore conduire la brouette. Mais toutes ces branches à ramasser, c'est décourageant. Heureusement, Julie accepte de se charger des plus petites et Papy vient aussi à la rescousse. Maman et Mamie ramassent les feuilles mortes. En famille, le travail avance bien.

– Voilà, s'exclame Julie, le jardin a eu sa toilette d'hiver.

– Il est parfait, apprécie Maman. Et il est temps pour les enfants d'avoir leur toilette du soir. Allez, venez vite au bain pour être aussi propres que le jardin.

Le Petit Poucet 20

Ce soir, c'est Papy qui met les enfants au lit et leur raconte une histoire.

– Il était une fois, commence-t-il, de pauvres bûcherons qui avaient sept fils. Ils étaient vraiment très pauvres, si pauvres qu'ils n'avaient plus de quoi nourrir leurs enfants. Un soir, le père dit à sa femme : « Je ne peux pas supporter de voir nos enfants mourir de faim sous nos yeux. Demain, nous les abandonnerons en forêt. » Après avoir beaucoup pleuré, sa femme accepta son projet. Mais le plus jeune des sept fils, qu'on appelait le Petit Poucet car, à sa naissance, il n'était pas plus grand qu'un pouce, avait tout entendu.

– Elle est affreuse, ton histoire, proteste Julie. Des parents qui abandonnent leurs enfants ! Je ne veux pas entendre ça avant de m'endormir. Je me bouche les oreilles ! Bonne nuit, Papy !

21 Et la suite, alors ?

– Moi j'aurais aimé savoir ce qui était arrivé au Petit Poucet, dit David.

– C'était un enfant très intelligent, répond Papy. Il ne dit rien à ses frères de ce qu'il avait entendu mais ramassa un paquet de petits cailloux blancs, qu'il sema tout au long du chemin dans la forêt. Lorsqu'ils furent arrivés au plus profond des bois, les parents demandèrent à leurs fils de faire des fagots, et profitèrent de ce qu'ils étaient occupés pour repartir sans bruit. Lorsque les frères du Petit Poucet virent que leurs parents n'étaient plus là, ils se crurent perdus et se mirent à pleurer.

– C'est affreux, gémit Julie. Ces monstres ont vraiment abandonné leurs enfants ! Je ne veux plus entendre cette histoire. Je me cache sous les draps ! Bonne nuit, Papy.

22 Et la fin ?

– Je parie que le Petit Poucet a retrouvé le chemin de sa maison grâce aux cailloux qu'il avait semés, dit David.

– Exactement, répond Papy. Grâce à ce petit futé, les sept garçons ont pu rentrer chez eux. Lorsqu'ils sont arrivés, ils ont entendu pleurer leur maman, qui se lamentait sur ses enfants perdus. D'autant plus que le seigneur de l'endroit était venu rembourser aux pauvres bûcherons l'argent qu'il leur devait depuis longtemps, et qu'ils avaient ainsi de quoi acheter de la nourriture. Ils ont donc été bien heureux de revoir leurs enfants !

– Le Petit Poucet était un malin ! s'exclame David. L'histoire finit bien, Julie doit être contente. Julie... Julie ? Elle s'est encore bouché les oreilles ! Je lui raconterai la fin demain. Bonne nuit, Papy.

23

Petit Poucet coquin

– Dis-moi, Papy, demande Maman, quelle histoire as-tu racontée hier aux enfants ?

– Le Petit Poucet, répond Papy. Julie n'a pas aimé, mais David a apprécié la fin, et admiré l'intelligence du Petit Poucet.

– J'en suis sûre, acquiesce Maman. Cet après-midi, je l'ai emmené faire des courses au supermarché. Alors que nous étions à la caisse, une femme de ménage est passée avec une brosse et une balayette. Elle ramassait des petits cailloux. Il paraît qu'il y en avait partout dans le magasin, jusqu'à la caisse où nous attendions. David a pris son air le plus angélique, mais il était tout rouge et je me suis dit qu'il était peut-être moins innocent qu'il ne voulait le faire croire. Je comprends, maintenant. Il a joué au Petit Poucet !

24

Une baby-sitter bien payée

Julie et Manon jouent à la poupée. Elles ont nourri, lavé et changé leurs bébés, puis les couchent dans le petit berceau et décident d'aller acheter des bonbons à la petite épicerie, au coin de la rue. Mais qui va garder les bébés ? Mamie, peut-être ? Mais Mamie proteste : elle a du travail.

– Ils dorment, ils ne t'ennuieront pas, affirme Manon.

Dans ce cas, Mamie accepte.

À leur retour, les deux amies observent que les bébés ont bien dormi.

– Merci, Mamie, dit Julie. Tiens, pour ta peine : choisis un bonbon !

Mots d'humour

25

– Papy ! s'écrie Julie, David m'a traitée de « petite fouine curieuse » !

– Ce n'est pas un gros mot, déclare David. Et il faut bien que je t'empêche de fouiller toujours dans mes affaires.

– Mais ce n'est pas gentil, « petite fouine curieuse » ! proteste Julie.

– Je ne sais pas, répond Papy. Ce ne sont pas des gros mots, et c'est assez humoristique.

– Merci, Papy, tu es un vrai mammouth avisé, apprécie David.

– Hum ! je me demande si c'est gentil, ça ? murmure Papy, l'air pensif.

– Je ne sais pas, répond Julie… Mais c'est assez humoristique !

26 Une poupée chérie

– Je voudrais une nouvelle poupée, dit Julie.
– Tu en as déjà tant, pourquoi en voudrais-tu une de plus ? s'étonne Mamie.
– Elles sont vieilles ! proteste Julie.
– Quand j'étais petite, raconte Mamie, je n'avais pas de belles poupées comme les tiennes.

C'était la guerre et nous manquions de tout. Un jour, ma grande sœur m'a fabriqué une poupée avec des pommes de terre. Je l'avais appelée Sophie et je la gardais toujours près de moi, jusqu'au moment où les pommes de terre sont devenues toutes molles, et où j'ai dû m'en séparer. Je l'ai pleurée longtemps.

Et lorsque, après la guerre, j'ai reçu une vraie poupée, je ne l'ai jamais tant aimée que Sophie.
– Oh, fais-moi une Sophie ! demande Julie. Je te la prêterai quand tu voudras, Mamie.

Ce voleur de Plouf ! 27

Tandis que Mamie prépare le repas du soir, Papa remet des bûches dans la cheminée. Les enfants, toujours fascinés par les flammes, assistent au spectacle. Youpi observe aussi, tout à la joie d'une soirée en famille.

Soudain, la porte de la cuisine s'ouvre à la volée et Mamie surgit, brandissant sa poêle.
– Voleur ! s'exclame-t-elle en poursuivant Plouf. Veux-tu me rendre mon poisson ?

Youpi a l'air parfaitement innocente. Mais elle ne doit pas être trop fière : n'est-ce pas elle, hier, qui avait caché une tranche de jambon dans le panier de bûches ?

28 Les chaussettes de Tante Aglaë

Il pleut. Les enfants s'ennuient et Papy propose une nouvelle visite du grenier.

– Regarde, dans cette caisse, montre Julie. C'est plein de chaussettes.

– Elles sont comiques ! s'exclame David. Celles-ci sont rouges à pois verts, et celles-là, mauves à fleurs jaunes.

– Elles sont très étroites, remarque Julie, qui essaie en vain de les enfiler.

– Eh oui, répond Papy. Ce sont les chaussettes de Tante Aglaë. Elle adorait tricoter, mais n'a jamais réussi à faire un vêtement convenable. Même ses chaussettes étaient ratées !

– J'ai une idée pour les utiliser, s'écrie Julie, je vais les mettre à mes poupées !

– Et moi, dit David, je vais y ranger mes billes !

29 Les souliers de Tonton Raymond

– Regarde ces souliers ! s'écrie David. Ils sont si grands qu'on dirait des bateaux !

– Ce sont les souliers de Tonton Raymond, répond Papy. Il avait les pieds les plus grands que vous puissiez imaginer. Si grands qu'il ne trouvait jamais de chaussures à sa taille et devait les faire fabriquer sur mesure ; si grands qu'il n'avait pas besoin de skis pour glisser sur la neige ; si grands que tout le monde lui marchait sur les pieds ! Pour se moquer de lui, nous l'appelions « Raymond-les-petits-petons ».

– Il n'aurait jamais pu mettre les chaussettes de Tante Aglaë, dit Julie en riant.

– Ou alors, seulement sur le gros orteil ! ajoute David.

Mars

1 Jeu de chien, jeu de coquin

Youpi et Plouf courent dans le jardin. Ils ne se quittent plus et ont inventé un jeu très amusant. Youpi poursuit Plouf, qui se réfugie dans un arbre. La chienne fait alors mine de s'éloigner puis, lorsque Plouf dégringole de l'arbre, elle repart à sa poursuite, le rattrape et, d'un coup de patte, le fait rouler dans l'herbe, en prenant soin de ne pas lui faire mal.

– Je n'avais jamais vu ça ! s'exclame Papy en riant. Voilà maintenant qu'elle fait tourner le chat comme une toupie et il se laisse faire ! Elle va le rendre chèvre ! Décidément, cette chienne est une coquine !

2 Un David migrateur

– Oh ! regarde, Papy ! s'exclame David. Il y a une hirondelle dans le jardin.

– Ce n'est pas une hirondelle, mais une mésange, répond Papy. Les hirondelles ne passent pas l'hiver chez nous. Dès l'automne, elles migrent vers le sud, vers les pays chauds. Elles reviennent chez nous au printemps, pour nidifier et faire leurs petits. Elles accomplissent ainsi deux fois par an un voyage très long, de plusieurs milliers de kilomètres.

– Je ferais bien comme elles, rêve David, pour vivre toujours là où il fait chaud. Et dans les livres, on écrirait : « En automne, les David migrent vers les pays chauds. »

3

Brosses et torchons

Mamie a préparé brosses et torchons pour nettoyer la maison.

– Je vais t'aider, propose Julie.

– Moi aussi, ajoute David.

Mamie répartit alors le travail : David passera l'aspirateur, Julie prendra les poussières et Mamie lavera le carrelage. À trois, cela va beaucoup plus vite ! Et puis le nettoyage, c'est amusant, quand on ne doit pas le recommencer tous les jours, comme Mamie ou Maman. Les enfants se sentent grands et sont très fiers, le soir, d'annoncer aux parents que, si la maison resplendit et sent bon le propre, c'est grâce à eux !

Eléphant ou tortue ?

4

– Es-tu très vieux, Papy ? demande Julie.
– Je ne suis plus tout jeune, répond Papy, mais je ne me sens pas vieux du tout.
– À la télévision, j'ai vu un éléphant très vieux et tout ridé, raconte Julie. Il paraît qu'il avait au moins soixante ans.
– J'espère vivre encore plus vieux que l'éléphant, dit Papy. Je me vois bien comme les tortues. Elles atteignent souvent cent ans.
– Ce serait chouette, répond Julie. Mais je trouve que tu ressembles plus à un éléphant qu'à une tortue !

5

Moustaches, sauve qui peut !

Julie fait un bisou à Plouf et rit parce que ses moustaches lui chatouillent le nez.

– Pourquoi sont-elles si grandes ? demande-t-elle à Papy.

– Elles lui permettent de repérer les objets en les frôlant, explique Papy. Cela lui est bien utile, surtout lorsqu'il chasse la nuit.

– Si c'est pour chasser, j'ai bien envie de les lui couper ! s'exclame Julie.

6

Un mari pas sympa

David et Loïc jouent au ballon dans le jardin. Julie est seule et s'ennuie.

– Si on jouait à Papa et Maman ? propose-t-elle.

– D'accord, dit David, c'est moi le papa et je joue au foot avec mon copain.

– Et toi, ajoute Loïc, tu es la maman. Tu nous regardes, tu nous applaudis et tu nous serviras à boire à la mi-temps.

– Ah ça, non ! s'écrie Julie, fâchée. Vous n'avez qu'à vous applaudir et vous servir tout seuls. Moi, je vais me chercher un autre mari, plus sympa.

7

Celui-là non plus

Julie et Manon jouent à la poupée.

– Je peux jouer avec vous ? demande Nicolas. Je serai le papa.

– Bonne idée, répond Julie. Je suis la maman, et Manon est la marraine. Nous nous occupons des bébés pendant que tu répares le petit berceau qui est cassé.

– Ah non ! dit Nicolas, je n'ai pas envie de travailler. Vous n'avez qu'à vous débrouiller toutes seules. Je vais faire un tour à vélo. Je reviendrai pour le goûter.

– Je n'épouserai pas celui-là non plus, constate Julie. Il ne vaut pas mieux que mon frère !

8

Et moi, on m'oublie ?

David et Papy vont se promener à vélo. Youpi les accompagne. Ils ne roulent pas trop vite, pour qu'elle puisse courir à leurs côtés sans trop se fatiguer. Lorsqu'ils rentrent à la maison, ils découvrent Plouf qui les attend devant la porte. « Et moi, alors ? » semble-t-il dire.

– Il faudra lui installer un panier sur mon vélo, pour qu'il puisse nous accompagner, déclare Papy.

– Ou alors une selle sur le dos de Youpi, suggère David. C'est pour être avec elle qu'il veut nous accompagner.

– Ce serait amusant, mais le panier me semble plus sûr, dit Papy.

Aussitôt dit, aussitôt fait : Papy installe un petit panier à l'avant de son vélo et tout le monde repart en balade, pour tester sans tarder le vélo transporteur de chat.

9

Rumpel le lutin

Mamie range ses vieilles pelotes de laine.

– Comme tu en as beaucoup ! s'écrie Julie. C'est dommage que ce ne soit que de la vieille laine et pas du fil d'or !

– Cela me rappelle une histoire, se souvient Mamie, celle de Rumpel le lutin. Il était une fois un meunier très pauvre, qui avait une fille très belle. Souhaitant qu'elle devienne reine, il prétendit un jour au roi que sa fille était capable de transformer la paille en or en la filant. Le roi conduisit alors la jeune fille dans une chambre de son palais, remplie de paille. Il lui donna un rouet et lui dit : « Si demain matin tu n'as pas filé toute cette paille en or, tu mourras. »

– Et elle a réussi ? demande Julie.

– Tu le sauras demain, répond Mamie. Il est temps d'aller dormir.

Première nuit

10

La jeune fille était désespérée car elle était incapable de filer la paille en or. Aussi se mit-elle à pleurer. Alors, un lutin apparut et lui demanda : « Que me donneras-tu si je file cette paille pour toi et la transforme en or ? » La jeune fille lui promit son collier en récompense et il se mit au travail. Au matin, toute la paille était changée en or et le lutin avait disparu.

Le roi fut très surpris, car il n'avait pas cru le meunier, mais il fut aussi très heureux de voir tout cet or. Il en voulut davantage et conduisit la jeune fille dans une chambre encore plus grande, remplie de paille du sol au plafond. « Si demain matin tu n'as pas changé cette paille en or, tu mourras », dit-il à la jeune fille.

– Le lutin est sûrement revenu, dit David.

– Peut-être, dit Mamie, les paris sont ouverts...

11

Deuxième et troisième nuit

La jeune fille se mit à nouveau à pleurer et le lutin réapparut subitement. « Que me donneras-tu, cette fois ? » demanda-t-il. Elle lui promit sa bague et il fila jusqu'au matin, puis il disparut. Le roi fut très content mais pas encore complètement satisfait.
Il conduisit la fille du meunier dans une troisième chambre, immense et bourrée de paille.
« Si demain matin tu n'as pas changé cette paille en or, tu mourras », lui dit-il encore.
La jeune fille fondit en larmes une fois de plus, et le lutin apparut. « Hélas, gémit-elle, je n'ai plus rien à te donner. » Alors, il lui fit promettre de lui donner son premier bébé lorsqu'elle serait reine. Elle le lui promit, pensant que cela n'arriverait jamais. Le lutin fila tant et si bien qu'au matin, toute la paille était changée en or. Ravi d'avoir découvert une jeune fille qui le rendait si riche, le roi l'épousa.
– Alors, elle a dû donner son premier bébé au lutin ? demande Julie.
– Peut-être, dit Mamie. Ou peut-être pas... Un conte de fées, cela finit souvent bien, tu sais.

Premier jour

12

Quand la reine eut son premier bébé, elle fut très heureuse. Elle avait oublié sa promesse au lutin et fut désespérée lorsqu'il vint la lui rappeler.
Elle pleura alors si fort et si longtemps qu'il finit par lui dire :
« Si, en trois jours, tu trouves mon nom, tu pourras garder ton enfant. »

La reine pensa tout le jour et toute la nuit aux prénoms qu'elle connaissait. Elle envoya même des messagers parcourir le pays pour en trouver d'autres. Lorsque le lutin revint le lendemain, elle lui dit : « Peut-être t'appelles-tu Thomas, ou Basile, ou Amédée ? » « Non, répondit-il. Il te reste deux jours... » et il s'en alla.
– J'espère qu'elle va trouver demain, dit David. Il s'appelle peut-être Puic ou Trocq, ou Filemoitabagueetjetefilerailalaine...

13

Une fin heureuse !

Le lendemain, la reine dit : « Est-ce Jambes-arquées, ou Nez-crochu, ou Tête-de-Mule ? »
« Ni l'un ni l'autre, répondit le lutin. Si tu n'as pas trouvé pour demain, ton enfant sera à moi », ajouta-t-il.

Le lendemain, la reine était affolée et pleurait en berçant son bébé, lorsqu'un messager arriva, tout essoufflé. « Je n'ai pas découvert d'autres prénoms, dit-il, mais hier, dans la forêt, j'ai vu un drôle de petit bonhomme qui chantait : « Je m'appelle Rumpel le lutin et, demain, le fils de la reine sera à moi ». La reine le remercia avec effusion et, quand le lutin arriva, lui dit : « Ton nom est Jim, ou Tom, ou... Rumpel le lutin ! » Le lutin entra dans une colère terrible et tapa si fort du pied que sa jambe s'enfonça dans le sol. Il la retira avec rage et s'enfuit pour ne jamais revenir.

14

Une petite futée !

– Julie, viens ranger ta chambre, dit Maman. Il y a des jouets partout !

– D'accord, répond Julie, mais seulement si tu trouves mon nom avant trois jours.

– Qu'est-ce que c'est que cette histoire ? demande Maman, étonnée. Tu t'appelles Julie, bien sûr !

– Non, dit Julie. Ce n'est pas ça. Il te reste deux jours pour trouver, si tu veux que je range ma chambre !

15

Les lutins ne se font pas toujours avoir !

Maman a refusé de poursuivre le jeu et a ordonné à Julie de ranger ses jouets. Julie est assise par terre et pleure.

– Je suis David le lutin, dit son frère. Que me donneras-tu si je range à ta place ?

– Je te donnerai mon premier bébé lorsque je serai reine, répond Julie.

– Ah non ! pas d'accord ! dit David. Il y a en déjà un qui s'est fait avoir comme ça ! Moi, je ne marche pas !

16

Au lit, le zèbre !

David a mis son pyjama rayé, qui le fait ressembler à un zèbre.

– Sais-tu pourquoi les zèbres ont des rayures ? demande Papy.

– Pour faire joli ? propose David.

– Non, dit Papy. C'est vrai que c'est joli mais ces rayures leur servent en fait à se camoufler dans les petits arbustes de la savane, et donc à se protéger des prédateurs.

– Comme ça ? demande David en essayant de se dissimuler derrière les pieds d'une chaise.

– Bof ! Ça ne vaut pas les arbustes de la savane, répond Papy.

Allez, petit zèbre, cache-toi plutôt au lit !

17 Un invité bien joli

Papa a décidé de profiter de cette belle journée pour commencer à bêcher le potager. David veut l'aider, mais c'est bien fatiguant. Il s'appuie un moment sur sa bêche pour souffler et observe les gros vers de terre qui se contorsionnent sur les mottes retournées.

– Regarde, souffle-t-il soudain, en montrant à Papa un petit rouge-gorge qui vient de piquer un ver à trois mètres d'eux. Je m'y remets, dit-il en reprenant courage. Ainsi, il aura beaucoup à manger !

Le chapeau de Tante Margot 18

Il pleut et les enfants s'ennuient. Une seule solution : le grenier.

– Oh ! quel drôle de chapeau ! s'exclame Julie. On dirait une coupe de fruits.

– C'est un des chapeaux de Tante Margot, répond Papy. Elle les fabriquait elle-même et ils étaient tous bizarres. Ils lui donnaient l'air d'un pot de fleurs, d'un plat de fruits, ou d'un potager. Je me souviens qu'un jour elle a été très vexée parce que, alors qu'elle arborait une de ses créations, garnie d'oignons et de cerfeuil, un gamin lui a demandé si c'étaient les légumes pour la soupe qu'elle portait ainsi sur sa tête !

La ceinture de l'Oncle Arthur

19

– Tiens, un collier de chien ! dit David. On pourrait l'essayer à Youpi.

– C'était la ceinture de l'Oncle Arthur ! s'exclame Papy en riant. Il était si petit et si maigre qu'il ne trouvait pas de ceinture à sa taille. Aussi sa femme lui avait-elle acheté un collier de chien !

– Avait-elle aussi acheté une laisse ? demande David.

– Oui, elle en avait acheté une ! Elle a dit que c'était juste pour rire, mais Oncle Arthur n'a pas ri du tout et a refusé de porter le collier comme ceinture. Il a dit qu'il préférait que les gens le prennent pour un clown si son pantalon ne tenait pas bien, plutôt que de laisser sa femme le prendre pour un chien !

20

L'essoreuse de course

– À quoi peut bien servir cette étrange machine ? demande Julie.

– C'est une essoreuse, répond Papy. C'est moi qui l'ai construite, ajoute-t-il d'un air gêné. Dans le temps, il n'y avait pas de machine à laver le linge et Mamie faisait la lessive à la main. Pour lui éviter la corvée de tordre le linge, j'ai fabriqué cette essoreuse automatique. J'étais très fier de moi et très content à l'idée de soulager Mamie. Mais, hélas, elle ne s'est pas beaucoup servie de ma machine. Il faut dire qu'elle avait un petit défaut : elle courait toute seule dans la cave dès qu'on la mettait en route... et Mamie trouvait plus fatiguant de la poursuivre que de tordre le linge à la main !

21 L'éplucheuse ruineuse

– Et cet engin à pédales, Papy, c'est encore une de tes inventions ? demande David.
– Eh oui, dit Papy. À ma grande honte, d'ailleurs, car c'est encore une invention inutilisable. Toujours pour aider Mamie (car ma bonne volonté est sans limites), j'ai voulu lui fabriquer une éplucheuse pour pommes de terre. Tu vois, on introduit les pommes de terre dans ce tonneau, qui contient des lames, et il suffit ensuite de pédaler pour les éplucher. Le malheur, c'est qu'on y introduit de belles grosses patates, et qu'on en ressort de toutes petites billes. Il faut donc une quantité phénoménale de pommes de terre pour un seul repas, et Mamie a trouvé que cette éplucheuse lui coûtait beaucoup trop cher !

L'anniversaire de Papy 22

C'est l'anniversaire de Papy, et toute la famille prépare une petite fête en secret. Le soir, après le repas, Julie lui offre son cadeau : de nouvelles pantoufles, bien confortables. David suit avec le sien : une superbe pipe en écume. Puis Papa et Maman : un bel appareil photo, et enfin Mamie : un poste de radio. Papy le branche aussitôt et se met à danser avec les enfants. Mais voici que Papa éteint les lumières et que Mamie apporte de la cuisine un gros gâteau illuminé de bougies. Maman le découpe et donne à Papy un énorme morceau. Toute la famille entonne « Joyeux anniversaire ! ». Papy, assez ému, remercie tout le monde puis décide de prendre une photo pour immortaliser cette soirée.
– Je la ferai encadrer, dit-il, et je la mettrai sur ma table de nuit.

23 La mouette rieuse

Papy et les enfants profitent d'une éclaircie entre deux giboulées pour aller se promener. Soudain, ils entendent un cri étrange dans le ciel.

– Regardez, dit Papy, c'est une mouette. Son cri ressemble à un rire, c'est pourquoi on l'appelle la mouette rieuse.

– Les mouettes vivent près de la mer, tu dois te tromper, proteste David.

– Elle s'est peut-être égarée, suggère Julie. Papy ne se trompe jamais !

– Laisse-moi rire, dit David, Papy ne se trompe peut-être jamais, mais il se moque souvent de nous !

– Pas cette fois, répond Papy. Et arrête de rire, on croirait entendre la mouette !

24 Chasse sans danger

Papa, Maman et les enfants se promènent dans la campagne avec Youpi, qui parcourt le champ nez au sol en zigzaguant. Soudain, à deux mètres d'elle, un lapin bondit et elle s'élance à sa poursuite.

– Elle a une sacrée pointe de vitesse, admire Papa.

– Pourvu qu'elle l'attrape ! s'écrie David. Mamie nous le préparera pour le souper.

– Ah non ! proteste Julie. C'est bien assez de Plouf avec les souris.

Mais Youpi est tout près du lapin. Elle va l'attraper ! Non ! Elle se contente de le pousser de la patte et de le faire rouler, comme avec le chat ! Puis elle aboie gaiement et revient en remuant la queue.

– Avec elle, les lapins en seront quittes pour une bonne frayeur, constate Maman en riant. Je suis sûre que celui-là n'en revient pas !

25 Changeons de jeu !

Loïc et David jouent aux billes sur la terrasse. Attiré par ces petites boules colorées qui roulent si bien, Plouf veut participer. Il se précipite et dérange toute la partie.

– Va-t'en ! s'écrie David. Mais Plouf revient bientôt en catimini et pousse les billes de sa patte.

– Changeons de jeu, propose Loïc. Jouons au football, le ballon est trop gros pour lui ; il ne risquera pas de l'attraper !

Trop gros pour Plouf, en effet, mais pas pour Youpi, qui veut à son tour participer.

– Non, crie David, ne mords pas dans le ballon !

Trop tard ! Youpi a attrapé le ballon et ses crocs pointus l'ont bel et bien crevé. Le ballon dégonflé entre les babines, Youpi semble narguer les deux cousins.

– Changeons de jeu ! s'écrie Loïc. Attrapons ce chien et enfermons-le avec le chat, sinon nous ne pourrons jamais jouer en paix !

26 On sent le printemps

Les giboulées sont moins nombreuses. L'air est plus tiède, les journées plus longues. Les jonquilles pointent leur nez, prenant la suite des crocus et des perce-neige. Un vent léger chatouille la cime des arbres, comme pour les tirer de leur sommeil hivernal.

« C'est le printemps ! » souffle le vent.

« C'est le printemps ! » chante l'alouette.

– Moi, dit David, j'y croirai lorsque les hirondelles seront de retour.

« Pourtant, ça sent le printemps », murmurent les jonquilles.

27

Chez le dentiste

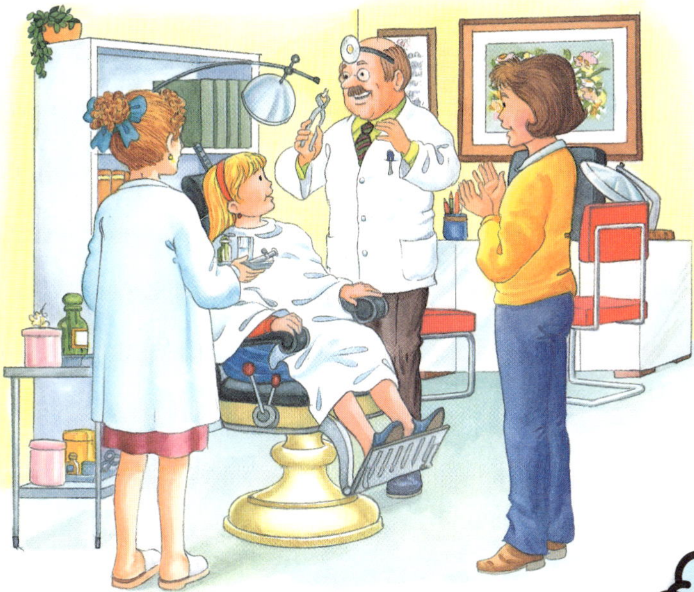

Julie a mal aux dents et Maman l'emmène chez le dentiste.

– J'ai peur, gémit Julie, il va me faire mal !

– Mais non, promet le dentiste. Je serai très doux et, si tu ne bouges pas, tu ne sentiras rien.

Voilà ! C'est fini ! Julie a été bien courageuse et bien sage. Elle n'a pas eu mal !

– Tu es une grande fille, la félicite le dentiste.

Et, pour la récompenser, il lui offre les gants de caoutchouc qu'il avait enfilés pour la soigner.

Julie demande à Maman de les gonfler, comme des ballons.

On dirait des mains de géant ! C'est bien amusant ! Pas si terrible, au fond, le dentiste !

28

Une enfant bien sage

Les cheveux de Julie ont besoin d'être un peu recoupés et Maman décide de s'y atteler.

– Aïe ! crie Julie. Tu tires !

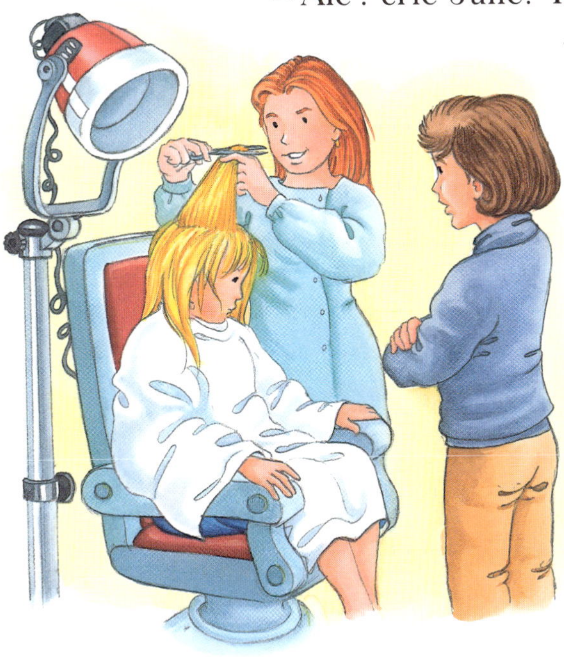

– Ne bouge donc pas, dit Maman. Cela ira mieux... Zut ! Tu as encore bougé et j'ai coupé de travers. Je n'y arriverai jamais ! Allons chez la coiffeuse.

– Reste bien tranquille, dit la coiffeuse, que je puisse couper droit.

Julie serre les dents lorsque le peigne tire un peu les cheveux et tient la tête bien droite et immobile.

– Qu'elle est sage ! admire la coiffeuse.

– Vous avez plus de chance que moi, soupire Maman.

29

Place à l'acrobate !

Papy a ressorti les anneaux, le trapèze et le siège de la balançoire, qu'il avait rangés pour l'hiver.
Julie se balance en chantant. David fait des acrobaties au trapèze et heurte sa sœur du pied.

– Tu ne pourrais pas faire attention ! proteste Julie.

– C'est impossible, répond David. Les acrobates ont besoin d'espace !

– Peut-être, répond Julie, mais les filles ont besoin de douceur !

30

Périlleuse ascension

– Papy ! se plaint Julie, je jouais au toboggan et David est venu m'ennuyer ! Il monte par l'autre côté et m'empêche de descendre !

– Je suis un alpiniste, explique David. J'escalade une haute montagne. Fais donc comme moi, tu verras comme c'est amusant.

– Attention ! crie Papy.

Trop tard ! Le pied de David a glissé et il est redescendu sur le ventre à toute vitesse.

– Eh oui ! constate Papy, la montagne est traître !

31

Préparatifs

David et Julie sont très occupés. Ils ont étalé leur matériel de bricolage sur la table de la salle à manger. Ils dessinent, colorient, découpent, en chuchotant et en riant. Lorsqu'ils ont terminé, ils cachent leurs réalisations avec des mines de conspirateurs.

– Que faites-vous ? interroge Mamie, étonnée qu'ils ne lui demandent pas d'admirer leurs œuvres.

– C'est un secret, répondent-ils. Tu verras ça demain !

Avril

Poisson d'avril

1

Les enfants rentrent de l'école en riant.

– On les a bien eus, s'écrie David. Tous les copains ! On leur a tous collé un poisson dans le dos. Mais nous, ils n'ont pas réussi à nous piéger. Nous avons fait bien attention. Nous avons rasé les murs tout le temps !

– Bravo, je vous félicite, dit Papy, en leur tapotant le dos. Tiens, savez-vous qu'en Espagne, au lieu de poissons, les enfants dessinent des bonshommes d'avril ?

– Ce doit être aussi amusant, remarquent les deux enfants qui s'éloignent, un énorme bonhomme d'avril leur ornant le dos !

On attend les cloches

2

C'est bientôt Pâques. Julie se tracasse : les cloches reviendront-elles de Rome avec leurs œufs en chocolat ?

– Ne t'inquiète pas, la rassure Papy. Je connais bien la vieille cloche qui est le chef de file. Elle retrouve toujours son chemin.

– Mais saura-t-elle qu'il est temps de revenir ? questionne Julie.

– Bien sûr, ma chérie, elle n'a jamais manqué la date. Elle sait toujours lorsqu'elle doit se mettre en route pour revenir chez nous. Tu peux dormir tranquille et lui faire confiance.

– Les cloches, c'est comme les oiseaux migrateurs alors ? demande Julie. Elles vont passer l'hiver dans un pays plus chaud ?

– Non, explique Papy, elles partent seulement un peu avant Pâques, pour aller chercher les œufs à Rome, puis elles reviennent sans traîner.

– Ce doit être bien fatiguant, constate Julie. Mais il est vrai qu'ensuite, elles peuvent se reposer pendant un an !

3 Le printemps, vraiment ?

Il pleut, et le vent souffle en rafales violentes. Papy peste sur le jardin détrempé qu'il ne peut pas bêcher. Mamie se lamente sur les carreaux qu'elle vient de laver. Papa remet une bûche dans l'âtre, tandis que Maman frissonne et éternue.

– On se croirait en hiver, constate Julie. D'ailleurs, j'ai le nez qui coule !

La porte s'ouvre à la volée et un courant d'air glacial envahit la pièce.

– C'est le printemps ! annonce David qui entre en trombe dans la maison. Les hirondelles sont de retour ! C'est vraiment le printemps !

4 Trop fort !

C'était bien le printemps ! La pluie a cessé et le soleil est là, tout gai, tout clair.

Julie et Manon jouent à la marelle sur la terrasse. C'est amusant, la marelle ! On commence par dessiner de grandes cases à la craie, sur le sol, puis on saute à cloche-pied de l'une à l'autre en poussant un galet.

– Je joue avec vous ! annonce David.

Il empoigne le galet et le lance si fort qu'il atterrit dans l'herbe de la pelouse.

– Tu nous embêtes ! proteste Julie. Tu ne sais jamais jouer convenablement.

– Que veux-tu, réplique David, je ne connais pas ma force !

5

Pas si simple !

Loïc et David jouent au Jokari.
– C'est très simple, explique David. Tu frappes la balle avec ta raquette et, comme elle est attachée par un élastique, elle revient ensuite vers toi, et tu recommences.
Premier essai de Loïc : un peu trop faible. La balle ne revient pas.
À David d'essayer : trop fort ! La balle revient bien au-dessus de lui et il ne peut l'atteindre.
À Loïc : trop bas ! La balle rase le sol.
À David : trop haut ! La balle lui retombe sur la tête.
– Ah oui ! c'est vraiment très simple, constate Papy en riant.
Vexés, les deux cousins s'en vont jouer aux billes.

6

Les cloches, enfin !

Ça y est ! Les cloches ont éparpillé cette nuit des œufs colorés dans tout le jardin !
Julie et Loïc courent d'un coin à l'autre, au petit bonheur, tandis que David parcourt méthodiquement le terrain.
Qui en aura le plus ?
Bah ! C'est sans importance puisque, le ramassage fini, on partage le tout en trois parts égales.
– Trois parts ? Et moi, alors ? demande Papy.

7 Ouille, mon ventre !

– David, tu manges trop d'œufs en chocolat. Tu risques d'avoir mal au ventre, avertit Mamie.
– Mais non, ne t'inquiète pas ! affirme David.
– Julie, tu as mangé assez d'œufs en chocolat, remarque Papy. Tu risques d'avoir mal au ventre.
– Mais non, ne te tracasse pas ! affirme Julie.
– Maman... appelle soudain David.
– Papa... appelle Julie.
– J'ai maaal au ventre ! gémissent-ils en cœur.
– Voilà ce qui arrive aux enfants qui n'écoutent pas les conseils des grands, constate Papy. Cela me rappelle une histoire...

Kiléfou, le petit singe 8

Kiléfou, le petit singe brun, saute de branche en branche.

Il se balance à une grosse branche, la trouve trop basse à son goût, monte plus haut dans l'arbre et en repère une, toute tordue, qui lui plaît davantage. « Fais attention, mon chéri ! lui crie Maman. Cette branche n'est pas solide, elle risque de casser. » « Mais non, répond Kiléfou. Je sais qu'elle est solide. » Et il continue à se balancer. Mais Maman avait raison : la branche n'est pas solide. Elle casse et Kiléfou tombe sur les fesses. Il a très mal et pleure très fort. Maman le console, tout en lui expliquant que s'il l'avait écoutée, il ne serait pas tombé. Mais Kiléfou n'écoute jamais Maman. Il croit toujours tout savoir. Et cela finit souvent mal... Kiléfou a mal aux fesses, il ne peut plus s'asseoir.

Kiléfou fait le fou

9

Kiléfou est au bord de la rivière. Il s'amuse à éclabousser les animaux qui viennent boire. Il bondit autour du gros rhinocéros, l'éclabousse, lui lance des mottes de terre. « Fais attention, mon chéri, lui dit Papa. Le rhinocéros a mauvais caractère. Tu l'ennuies et il va se fâcher. » « Mais non, répond Kiléfou. Je sais qu'il s'amuse autant que moi. »
Et il continue à éclabousser le rhinocéros. Mais Papa avait raison : le rhinocéros a mauvais caractère. Il se fâche et lance sa corne en avant, juste dans le pied droit de Kiléfou, qui s'enfuit en hurlant et en boitant. Il pleure très fort. Papa le console et lui lèche le pied, tout en le grondant : si Kiléfou avait écouté Papa, le rhinocéros ne lui aurait pas fait mal. Mais Kiléfou n'écoute jamais Papa. Il croit toujours tout savoir. Et cela finit souvent mal...
Kiléfou a mal aux fesses, il ne peut plus s'asseoir.
Kiléfou a mal au pied, il ne peut plus marcher.

Kiléfou mange des bananes

10

Kiléfou est couché sur le côté, à l'ombre d'un arbre, et mange des bananes. Beaucoup de bananes, beaucoup trop de bananes. « Fais attention, mon chéri, soupire Maman. Tu manges trop de bananes, tu vas avoir mal au ventre. » « Mais non, répond Kiléfou. Je sais que je peux manger des tas de bananes sans avoir mal au ventre. »
Et il continue à manger des bananes. Trop de bananes, beaucoup trop de bananes. Maman avait raison. Kiléfou a mangé trop de bananes, il a mal au ventre. Il le tient à deux mains en pleurant très fort. Maman le masse doucement, tout en lui disant que, s'il a mal, c'est bien de sa faute. Si Kiléfou avait écouté Maman, il aurait mangé moins de bananes et n'aurait pas mal au ventre. Mais Kiléfou n'écoute jamais personne.
Kiléfou croit qu'il sait tout.
Et Kiléfou a mal partout.

11

Kiléfou réfléchit

Kiléfou a mal aux fesses, il ne peut plus s'asseoir.
Kiléfou a mal au pied, il ne peut plus marcher.
Kiléfou a mal au ventre, il ne peut plus rien faire du tout.
Alors Kiléfou réfléchit et se dit que, peut-être, il devrait écouter les conseils de Papa et Maman. Peut-être ne veulent-ils pas toujours l'ennuyer et l'empêcher de s'amuser ?
Peut-être veulent-ils seulement le protéger ?
Et Kiléfou s'endort en se promettant qu'à l'avenir, il écoutera ses parents… Peut-être…

12

Les souvenirs d'un chasseur

– Papy, raconte-nous tes aventures de l'époque où tu étais mousse.
– Que diriez-vous d'un souvenir de chasse ? Une chasse où je me suis particulièrement distingué ! Figurez-vous que le bateau était infesté de souris et que Tigre, le gros chat du capitaine, n'arrivait pas à en attraper une seule. Le capitaine, furieux, lui avait juré qu'il passerait par-dessus bord s'il ne se décidait pas à faire son métier de chat. Mais voilà, Tigre était un chat très spécial : il avait peur des souris ! Aussi, pour le sauver, je me suis moi-même lancé à l'attaque. Vous m'auriez vu, à quatre pattes dans les cales, traquant les souris de tous poils ! Et, chaque fois que j'en attrapais une, je prétendais que c'était Tigre qui l'avait tuée. Et ce ballot refusait même de les manger !

13

La danse dans le sang

– Le premier pays où j'ai fait escale était le Brésil, raconte Papy. Nous y avons fait la connaissance d'un groupe de danseurs qui se préparaient pour le carnaval de Rio. Ils nous ont appris la samba et la rumba. Une des danseuses, très belle, trouvait que j'avais la danse dans le sang. Elle voulait que je reste là-bas pour l'accompagner au carnaval. J'aurais bien voulu mais... chut ! Voici Mamie qui arrive, parlons d'autre chose !

14

L'abri de jardin

Papa a acheté un abri de jardin en bois. Il faut le construire et tous les hommes s'y mettent. Papy dirige les opérations, Papa apporte les planches et David se réjouit de clouer. Mais il faut d'abord bien emboîter les montants et les planches. C'est fatiguant, il faut travailler dur et patiemment, mais le boulot avance bien. Le soir venu, un voisin vient admirer le travail.

– Il est beau, dit-il. Mais je me demande s'il est droit.

Déjà, Papa se tracasse et attrape son équerre. Papy le rassure : l'abri est droit ! Le voisin n'y connaît rien ! David propose qu'on démonte tout pour recommencer demain. Il s'est bien amusé et s'est découvert une vocation de bricoleur !

15 Un abri pour quoi ?

Voilà, l'abri est terminé, et parfaitement droit ! Julie apporte ses poupées.
– Ce sera leur maison, dit-elle.
David apporte ses voitures :
– Ce sera leur garage.
Papy apporte ses caissettes :
– Ici, je vais pouvoir semer mes fleurs.
Mamie et Maman arrivent avec un gros panier :
– Ce sera parfait pour ranger les chaussures d'hiver !
– Laissez-moi quand même de la place pour la tondeuse et les outils de jardin, dit Papa. C'est pour les ranger que nous avons construit l'abri. Il n'est pas question d'y déménager tout le contenu de la maison !

16 Le conte de fées de famille

– Je me demande si c'est difficile d'écrire des histoires, dit Julie.
– Il suffit de laisser courir son imagination, répond Papy. Tu veux essayer ?
– Je voudrais bien, mais je ne sais pas par où commencer.
– Alors, je vais t'aider. Je vais commencer l'histoire.
– Nous raconterons chacun à notre tour, propose David.
– Bonne idée, dit Mamie. Ce sera « le conte de fées de la famille ».
– Il était une fois, commence Papy, il y a très longtemps, un pays merveilleux, couvert de fleurs aux couleurs chatoyantes et aux parfums délicieux et planté d'arbres aux fruits succulents. Le soleil y brillait chaque jour et, certaines nuits, une pluie claire et tiède tombait doucement, pour abreuver les plantes et les êtres vivants. Il faut dire que les êtres qui peuplaient ce pays n'avaient besoin ni de beaucoup d'eau, ni de beaucoup de nourriture pour vivre...

Les Petits Petiots

17

– Les êtres de ce pays étaient vite repus, car ils étaient très petits, raconte Mamie. Ils s'appelaient d'ailleurs les Petits Petiots. Ils faisaient tout un repas avec quelques fruits, qui ressemblaient à des fraises, ou des framboises. Leurs maisons étaient faites de petits cailloux et couvertes de feuillages. Les petites filles se faisaient des robes avec des pétales de fleurs.

Les petits garçons se fabriquaient des flèches avec des épis de blé. Eh oui, vous l'avez deviné : dans ce pays, les plantes avaient la même taille que chez nous. Mais les Petits Petiots n'étaient pas plus grands que votre gros orteil ! Pour eux, c'était à la fois bien pratique et bien ennuyeux...

Des plaisirs et des difficultés

18

– Lorsqu'on est tout petit, dit Papa, on n'a pas besoin d'un avion pour voler. On voyage à dos d'oiseau, ce qui est bien plus agréable ! On n'a pas besoin non plus de voiture, on se fait transporter par les lièvres si on est pressé, et par les tortues si on veut juste se promener.

Lorsqu'il a plu, la moindre flaque devient une piscine fabuleuse ! Pour construire des meubles, pas besoin de planches : il suffit de ramasser des morceaux d'écorce.

Par certains côtés, la vie des Petits Petiots était donc idyllique. Mais ils avaient aussi pas mal de problèmes. Imaginez que vous avez la taille d'un doigt de pied et que vous voulez cueillir des cerises, ou arracher des carottes, ou moissonner le blé, moudre le grain et faire de la farine... Pour les Petits Petiots, ces travaux exigeaient des efforts monstrueux !

19 Les géants mystérieux

– Ce n'étaient pas les Petits Petiots qui avaient semé le blé qui couvrait les champs, dit Maman. Ils étaient bien trop petits pour accomplir un pareil travail. Ils ne savaient d'ailleurs pas qui l'avait semé. Les vieux racontaient que des géants, habitant un pays proche, étaient venus un jour retourner la terre et semer le blé. Ces géants, aucun d'entre eux ne les avait jamais vus. Mais, lorsque parfois la terre tremblait sous leurs pieds, ou qu'un grand bruit se faisait entendre, les parents rassemblaient les enfants et tous se cachaient dans un petit trou sous un rocher. Certains enfants, curieux, posaient un tas de questions et rêvaient de rencontrer un jour ces géants mystérieux...

20 Deux petits explorateurs

– Il y avait deux enfants qui étaient particulièrement curieux, dit David. Ils s'appelaient Pilou et Mounette, et étaient frère et sœur. Un jour, échappant à la surveillance de leurs parents, ils partirent à l'aventure, pour découvrir enfin les fameux géants. Ils enfourchèrent une hirondelle et lui demandèrent de les conduire vers le grand bois où, les jours précédents, des bruits violents avaient éclaté. L'hirondelle les déposa à l'orée de la forêt, où ils rencontrèrent un petit écureuil roux, qui accepta de les emporter sur son dos pour un voyage dans les arbres. Les deux enfants s'amusaient comme des fous et étaient très fiers d'avoir osé venir dans ce bois où aucun autre Petit Petiot ne s'était encore aventuré. Tout était calme. Les seuls bruits qu'ils entendaient étaient le souffle du vent dans les feuilles et le chant des oiseaux. Ils étaient occupés à manger des noisettes que leur offrait l'écureuil lorsque, soudain, des cris étranges retentirent. Et des pas lourds ébranlèrent le sol, comme si de gros animaux s'approchaient ! Mounette tremblait de peur et, lorsque l'écureuil s'élança vers la cime d'un arbre, elle fut déséquilibrée et tomba en hurlant...

21 Les géants !

– Heureusement, dit Julie, elle atterrit sur une surface chaude et élastique, qui se referma sur elle, se déplaça, puis s'ouvrit. Affolée, Mounette s'était roulée en boule, et n'osait se remettre debout. Elle sentit un gros objet qui la touchait doucement et ouvrit les yeux. Des géants ! Et l'un d'eux la tenait dans le creux de sa main. Deux autres géants se penchaient pour essayer de mieux la voir. Mounette fut un peu rassurée en voyant qu'ils souriaient et que le plus petit des géants, qui avait de longs cheveux comme elle, lui offrait une myrtille. À ce moment, l'écureuil, que Pilou avait convaincu d'aller au secours de sa sœur, descendit de l'arbre, et Pilou tendit la main vers Mounette pour l'aider à sauter auprès de lui. Alors, le plus grand des géants dit : « David, pose-la sur l'écureuil. Julie, recule doucement, pour ne pas les effrayer. Il faut les laisser repartir. » Pilou et Mounette rentrèrent chez eux aussi vite que possible et racontèrent leur aventure, dont certains Petits Petiots se demandent encore aujourd'hui s'ils ne l'ont pas inventée.

22 Travail au jardin

Dans le parterre, les touffes de fleurs vivaces sont bien grosses.

– Elles risquent de s'étouffer en été. J'aurais dû les départager, dit Papa.

– Qu'est-ce que ça veut dire, « départager » ? demande David.

– Eh bien, lorsque les touffes de fleurs vivaces deviennent très grosses, on donne un grand coup de bêche dedans, et on a deux touffes plus petites. On peut alors replanter la deuxième à un autre endroit. J'aurais dû le faire au mois de mars.

– C'est peut-être encore possible. Je vais t'aider, propose David.

Il ne savait pas à quoi il s'engageait ! Départager les touffes et replanter, c'est agréable. Mais avant, il faut préparer la terre à l'endroit où on va les replanter ! Et ça, c'est drôlement dur ! Poussant sur sa bêche, soufflant et transpirant, David se dit qu'il aurait mieux fait de se taire !

– Courage, dit Papa. Quand elles fleuriront, tu seras récompensé ! Nous aurons deux fois plus de fleurs qu'à l'été dernier.

23 Un œuf pour le chien... et pour le chat

Youpi se promène dans le jardin, reniflant à gauche, à droite, sous les arbustes, derrière la haie. « Tiens, quelle bonne odeur ! Cela me rappelle quelque chose... Je crois que ça se mange. Il faut seulement enlever ce papier brillant qui fait mal aux dents. Voilà ! Hum ! C'est bon, c'est doux, sucré...Ouah ! ouah ! Viens, Plouf, goûte, c'est bon ! » Plouf avance une langue précautionneuse. « Oh ! oui, tu as raison, c'est très bon. Je crois qu'ils appellent ça du chocolat. » « Mais bien sûr, dit Youpi, c'est un œuf en chocolat apporté par les cloches. Ils ne l'ont pas vu ! Vite, Plouf, cherchons s'il n'en reste pas un autre, oublié dans le jardin ! »

24 Le cheval qui avait envie d'un jouet

Plouf joue avec un morceau de bois.

– Cela me rappelle l'histoire d'un cheval que j'ai bien connu, déclare Papy. Je vais vous la raconter. À l'écurie, Tarzan, le cheval, s'ennuyait depuis que le fermier avait acheté un tracteur. Il pensait qu'il aimerait aussi avoir un tracteur. Pas un vrai, bien sûr : un tracteur jouet, pour s'amuser au pré ou à l'écurie. Le fermier remarqua qu'il n'avait pas l'air en forme.

– Tu t'ennuies, Tarzan ? Je croyais que tu étais content de moins travailler et de pouvoir te reposer.

– Oui, je suis content de ne plus travailler. Mais maintenant, j'aimerais m'amuser. Tu sais, ce qui me ferait plaisir, c'est un petit tracteur pour jouer, pas un vrai, pas un grand comme le tien, un jouet.

« Mon cheval est tombé sur la tête », se dit le fermier. Et il s'en alla en haussant les épaules.

25

Tarzan insiste

Le lendemain, Tarzan demanda :
– Tu as pensé à mon tracteur ?
« Il est fou, se dit le fermier, on n'achète pas un jouet pour un cheval. »
Et il s'en alla en haussant les épaules.
Le jour suivant, Tarzan avait l'air encore plus triste.
– Je voudrais tant un petit tracteur !
– Mais où veux-tu que je le trouve ? demanda le fermier.
– Eh bien, le dimanche matin, quand nous allons vendre tes légumes au marché, j'ai remarqué que l'échoppe à côté de la nôtre était celle d'un marchand de jouets. C'est là que j'ai vu les tracteurs.
« Il est complètement fada ! » se dit le fermier, qui commençait à s'énerver.
Et il s'en alla. Mais il ne haussa plus les épaules. Il avait compris que Tarzan était obstiné. « J'ai un cheval têtu comme un mulet », se dit-il.

26

Le fermier accepte

Le dimanche suivant, le fermier attela Tarzan à la charrette et ils s'en allèrent au marché. Tandis que le fermier vendait ses légumes, Tarzan regardait les jouets sur l'échoppe voisine.
Lorsque le fermier eut tout vendu, il demanda :
– Alors, tu me l'achètes, ce tracteur ?
– Écoute, Tarzan, on n'achète pas un jouet à un cheval !
– Écoute, fermier, c'est la première fois que je te demande quelque chose. J'ai beaucoup travaillé pour toi. Je t'ai fait gagner de l'argent. Et je ne te coûte rien. Je mange de l'herbe et je bois de l'eau.
Le fermier soupira. Il voyait que Tarzan ne le laisserait pas tranquille s'il n'avait pas son petit tracteur.
– D'accord, dit-il. Je vais te l'acheter...

27 Tarzan choisit son tracteur

– Attends, dit le cheval, je veux choisir.
– Tu exagères, dit le fermier, je vais avoir l'air idiot d'acheter un jouet pour mon cheval !
– Ne t'en fais pas. Je serai discret. On ne saura pas que tu l'achètes pour moi.
Le fermier renonça à discuter davantage.
Il s'approcha du marchand de jouets et dit :
– Je voudrais un tracteur pour mon petit garçon.
– J'en ai plusieurs : un rouge, qui tire une charrue, et un jaune, avec une pelle devant et une petite remorque derrière.
Quand il montra le jaune, Tarzan hocha la tête plusieurs fois. Le marchand le regarda, un peu étonné.
– Je vais prendre le jaune, dit le fermier.
Il était gêné, il se demandait ce que pensait le marchand. Alors, il dit encore :
– Mon cheval connaît bien mon petit garçon, il pense que le jaune lui plaira.
« Drôle de cheval ! » se dit le marchand.

28 Tarzan est heureux

Le marchand emballa le tracteur d'un beau papier rouge garni d'un ruban doré. Puis il mit le tout dans un sachet en plastique. Pour rentrer à la ferme, Tarzan porta le sachet : il tenait délicatement les poignées entre ses dents.
À la ferme, le fermier dételа la remorque. Tarzan alla dans le pré et, tout doucement, commença à défaire l'emballage.
Ce n'était pas facile, avec ses sabots et ses grandes dents, mais il fit attention.
Enfin, il sortit le petit tracteur du paquet.
Il le regarda longtemps, puis il joua.
Avec la pelle, il ramassait des petits cailloux.
Dans la remorque, il mettait des bouts de paille. Il joua longtemps, longtemps.
Il était si heureux !

29 Ces enfants sont trop malins !

– Papy, dit Julie, Plouf s'ennuie, il voudrait une poupée.
– Eh bien, donne-lui une des tiennes.
– Il ne veut pas, il dit qu'il voudrait qu'on en achète une juste pour lui.
– Hum, hum... fait Papy, qui se méfie.
– Papy ! s'écrie David, Youpi s'ennuie, elle voudrait un ballon.
– Et je suppose qu'elle ne veut pas un des tiens ? demande Papy.
– Non, elle voudrait qu'on l'achète juste pour elle !
– Et vous croyez vraiment, petits malins, que je vais me laisser prendre ?
– Tant pis, disent les enfants, on a juste essayé !

30 Au parc d'attractions

On arrive ! On arrive ! Voici le parc d'attractions. Vite, les billets d'entrée. Les enfants s'élancent. Ils veulent essayer tout ce qui va vite et haut. D'abord, le huit aérien. Papa et Papy se dévouent pour les accompagner. On vire, on descend en flèche, on remonte en trombe ! « Hiiii ! » crie Julie. « Aaaah ! » hurle David. « Ooooh ! » gémit Papa.

Papy ne dit rien mais, à la fin du tour, il est blanc comme un fromage et ses jambes flageolent.

Déjà, les enfants les entraînent vers un autre manège à sensations.

– Très peu pour moi, décrète Papy. Je n'irai plus que sur les chevaux de bois !

Mai

1 Muguet porte-bonheur

Papa s'est levé tôt pour aller acheter le muguet porte-bonheur du 1er mai : un petit bouquet pour Maman et un pour Mamie aussi, car Papy n'a pas l'air d'y avoir pensé. Le sourire aux lèvres, il offre ses fleurs.

– Comme c'est gentil ! s'exclament Maman et Mamie.

– Beaucoup de bonheur à tous ! s'écrie Papy, qui arrive du jardin, un plein panier de muguet à la main.

– Mais d'où vient ce muguet ? s'étonne Papa. Celui du jardin n'est pas encore en fleurs !

– J'en ai fait pousser en cachette derrière la haie, à l'abri d'une petite serre, dit Papy. Je voulais vous faire une surprise !

Pot d'oiseaux 2

Maman a acheté des géraniums et des pétunias pour garnir les pots de la terrasse. C'est terminé et bien joli.

– Il me reste quelques fleurs, dit Maman à David. Peux-tu aller voir au fond du jardin, sous les bouleaux, je crois qu'il y a un pot là-bas.

David y court, soulève le pot, qui était posé à l'envers et, soudain, appelle : « Venez voir ! » Sous le pot retourné, il y a une galette d'herbe séchée où des œufs reposent dans de petits trous.

– C'est un nid de mésanges, déclare Papa. Remettons précautionneusement le pot en place et éloignons-nous, pour voir si les parents reviennent.

Oui, en voici un ! La mésange est si petite qu'elle s'introduit sans peine par le petit trou rond à la base du pot. Pas question de les déranger ! Les fleurs iront dans un parterre et ce pot sera un pot d'oiseaux !

Promenade au bois

3

Qu'il fait beau aujourd'hui ! Si on allait se promener dans les bois ? Sitôt dit, sitôt fait ! Toute la famille est prête en un clin d'œil. « Bien sûr, Youpi, tu viens avec nous ! »… Et Plouf aussi, qui se précipite derrière la chienne. Chouette, des troncs coupés ! C'est si gai de marcher dessus en jouant à l'équilibriste, les bras en balancier. « Peuh ! se dit Plouf, regardez-moi, je suis bien plus doué que vous ! » Voici la sapinière, endroit rêvé pour une course folle. « Ouah ! aboie Youpi, vous pouvez toujours courir, je suis bien plus rapide que vous ! » Ah, une belle clairière au soleil ! C'est le moment de sortir les sandwichs et les boissons pour un pique-nique bien agréable. Quelle belle journée !

La tourterelle

4

– Papy ! Papy ! Viens voir ! s'écrient les enfants qui accourent du fond du jardin. Au pied d'un noisetier, une tourterelle traîne son aile blessée. Il ne faut surtout pas la laisser là, à la merci de Plouf et des autres chats. La meilleure solution est de lui faire un petit nid douillet dans l'abri de jardin, pour lui donner le temps de se reposer, et espérer que son aile guérisse. David prépare une caisse et y met de l'herbe, Julie court chercher deux soucoupes : une pour les graines et une pour l'eau. Pendant ce temps, Papy réussit à attraper l'oiseau blessé. Voilà, tout est en place ! La tourterelle est bien installée. Il faut maintenant la laisser tranquille car elle est très effrayée.

– Nous reviendrons la voir demain, promet Papy.

5 Elle va mieux !

Dès leur retour de l'école, les enfants se précipitent dans l'abri de jardin.

– Doucement, doucement, recommande Papy, vous allez lui faire très peur si vous entrez aussi vite !

La tourterelle a mangé et bu. C'est bon signe ! Julie tend la main mais l'oiseau, apeuré, se blottit dans un coin, battant faiblement des ailes.

– Elle arrive à remuer son aile blessée, je pense qu'elle guérira, dit Papy en souriant, mais il faut lui donner le temps de s'habituer à nous. Restez bien immobiles quelques instants encore, près de la porte, puis nous partirons. Demain, elle aura sans doute moins peur.

6 La tourterelle s'apprivoise

Les enfants suivent à la lettre les conseils de Papy. Ils entrent tout doucement dans l'abri et restent d'abord quelques minutes près de la porte. Puis ils avancent lentement jusqu'à un mètre de l'oiseau, s'asseyent et restent immobiles. La tourterelle, qui s'est réfugiée dans un coin, cesse peu à peu de trembler. Les enfants déposent alors des graines à cinquante centimètres de leurs pieds. La soucoupe de la tourterelle est vide et elle a faim. Elle hésite puis, soudain, se décide. Un pas, deux pas... elle s'enhardit. Elle arrive à l'assiette et tend le cou. Les enfants se retiennent de respirer et font mine de ne pas la regarder. Voilà ! Elle picore ! Les enfants ont une folle envie de la caresser mais se retiennent, de peur qu'elle recule à nouveau. Demain, peut-être...

7

Notre amie la tourterelle

Les enfants se sont installés dans l'abri de jardin. Cette fois, ils ont posé quelques graines à cinquante centimètres d'eux et d'autres, plus nombreuses, en chemin jusqu'à leurs jambes. La tourterelle picore d'abord les grains les plus éloignés puis, après quelques hésitations et reculs, se décide à manger les autres. Les enfants sentent le bout de ses ailes effleurer leurs mollets.

Très doucement, ils tendent leurs mains, où ils ont conservé les plus belles graines, et l'oiseau accepte de les picorer.

Lorsqu'elle a terminé, la tourterelle reste près des enfants qui, du bout des doigts, peuvent la caresser. Ils restent là jusqu'à ce que Mamie les appelle pour le goûter, et rentrent alors à la maison, du bonheur plein les yeux : la tourterelle est leur amie !

La guérison

8

En entrant dans l'abri, les enfants cherchent la tourterelle des yeux. Elle a disparu ! Mais non, elle est là ; tout en haut de l'étagère. Elle peut donc voler à nouveau ! « Il faut ouvrir la porte et lui rendre sa liberté », dit Papy. Les enfants pleurent. Ils voudraient tant la garder auprès d'eux. Mais on ne peut pas garder un oiseau en prison !

Ils le savent bien. Alors, avec un gros soupir, David ouvre la porte. La tourterelle regarde vers la lumière du soleil, prend son vol et vient se poser sur le sol, juste devant la porte. Les enfants tendent leurs mains et elle les picore, tout étonnée de ne pas y trouver de graines. Elle hésite, regarde vers le ciel, et s'envole vers la liberté.

Adieu, petite amie, prends bien garde à toi !

La fête des mamans

9

– Bonne fête, Maman !
David et Julie embrassent tendrement Maman et lui offrent les bricolages qu'ils ont réalisés à l'école. Dans le paquet de David se trouve un petit miroir, encadré de mosaïques colorées.
– Il est superbe ! s'exclame Maman.
Julie tend à son tour son cadeau : une aquarelle sous verre représentant de grosses fleurs entremêlées.
– Comme elle est belle ! s'écrie Maman.
Elle embrasse ses deux petits, qui lui récitent alors le poème appris tout exprès pour elle. Maman a les larmes aux yeux…
– C'est l'émotion, explique-t-elle.
David et Julie vont alors chercher un troisième paquet :
– Bonne fête, Mamie ! Ensemble, nous avons fait pour toi un grand dessin du jardin, et Papa nous a aidés à l'encadrer.
Et voici que Mamie pleure aussi !
– Vous auriez dû leur offrir des mouchoirs, constate Papy.
– Ne te moque pas et essuie-toi plutôt les yeux, dit Mamie. Toi aussi, tu pleures !

10 Badminton

Papy apprend aux enfants à jouer au badminton. Après quelques essais, David s'en tire assez bien, et ils peuvent faire de longs échanges...

– À moi ! dit Julie.

Mais elle a beau faire, sa raquette ne rencontre jamais le volant. Papy s'assied sur le banc.

– Je me repose un peu les jambes pendant que tu t'exerces, dit-il. Ne te décourage pas. Tu vas y arriver !

Il avait raison. Soudain, la raquette de Julie rencontre le volant et le volant... rencontre le nez de Papy !

11 La surprise

– J'ai une surprise à vous annoncer, déclare Papy lorsque les enfants rentrent de l'école.

Et, avec des mines de conspirateur, il les entraîne vers le verger.

– Regardez, là, en haut du vieux prunier.

– Où ? Où ? Oh oui, je vois, un oiseau fait son nid, dit David.

– Mais c'est une tourterelle ! s'écrie Julie.

– C'est votre tourterelle, précise Papy. Elle n'a pas voulu vous quitter tout à fait et a choisi de nicher dans notre jardin...

– Il faudra faire très attention à Plouf, dit Julie.

– Ne t'en fais pas, elle est guérie, elle vole très bien et ne risque rien. Et regarde, elle a retrouvé son mari. Bientôt, ils auront des petits.

12 Le Petit Chaperon rouge

Mamie s'installe dans le divan et, un enfant de chaque côté, commence à raconter.

– Il était une fois une petite fille très mignonne que sa maman habillait toujours d'une robe rouge et d'un manteau rouge à capuchon. Aussi l'appelait-on le Petit Chaperon rouge.

Un jour, sa maman lui demanda d'aller porter, à sa grand-mère malade, des galettes et un petit pot de beurre rangés dans un panier d'osier. Comme la grand-mère habitait de l'autre côté du bois, elle recommanda à la petite d'être bien prudente, et de se garder du loup. Le Petit Chaperon rouge partit en chantant. Dans la forêt, au détour d'un sentier, elle vit de jolies fleurs que le soleil éclairait et décida d'en cueillir un bouquet pour sa grand-mère…

– À propos de soleil, il ne pleut plus, dit Papy. Venez donc un peu prendre l'air. Mamie continuera son histoire plus tard.

13 Rencontre avec le loup

Très occupée à cueillir ses fleurs, le Petit Chaperon rouge ne vit pas arriver le loup.

« Bonjour, petite, dit le loup. Que fais-tu seule dans le bois ? Ne sais-tu pas que tu pourrais y faire de mauvaises rencontres ? »

« Je vais voir ma grand-mère qui est malade, répondit la fillette. Elle habite la petite maison de l'autre côté de la forêt. Et je n'ai pas peur, affirma-t-elle. Même pas des loups ! » « Même pas des loups affamés ? » insista le loup. « Tiens, si tu as si faim, je t'offre une galette », dit la fillette. « Grand merci, dit le loup, et prends bien garde à toi. » Et il s'en alla. « Ce loup est bien gentil », pensa le Petit Chaperon rouge. « Maman s'inquiète toujours pour rien ! »

La vilaine idée du loup

14

Oh non ! le loup n'était pas gentil ! Il s'était dit : « Pourquoi manger tout de suite la petite ? Commençons par la grand-mère, l'enfant nous servira de dessert ! » Il se précipita donc chez la grand-mère et frappa à la porte. « Qui est là ? » demanda-t-elle. « C'est ta petite fille », répondit le loup en prenant une petite voix. « Entre, dit la grand-mère, tire la chevillette et la bobinette cherra. » Le loup entra donc, referma la porte, chercha la chambre et... se jeta sur la grand-mère, qu'il dévora d'une bouchée. Il n'en laissa que son bonnet de nuit, qu'il s'enfonça sur les oreilles, et se cacha sous les couvertures.

– Et il attendit son dessert ! dit David.

Pauvre Petit Chaperon rouge

15

Le Petit Chaperon rouge arriva enfin chez sa grand-mère et frappa à la porte. « Qui est là ? Est-ce toi , Petit Chaperon rouge ? » demanda le loup. « Elle a une drôle de voix, elle doit être bien enrhumée ! » pensa la fillette... « C'est bien moi, grand-mère. Je t'apporte des galettes et un petit pot de beurre. » « Entre, mon enfant, tire la chevillette et la bobinette cherra. » La petite entra et se rendit dans la chambre. « Bonjour, grand-mère. Tu dois être bien malade pour te cacher ainsi sous les couvertures. » Le loup sortit un peu la tête. « Oh ! grand-mère, que tu as de grands yeux ! » « C'est pour mieux te voir, mon enfant. » Le bonnet glissa un peu, dévoilant une oreille. « Oh ! grand-mère, que tu as de grandes oreilles ! » « C'est pour mieux t'entendre, mon enfant », ricana le loup. « Oh ! grand-mère, que tu as de grandes dents ! » « C'est pour mieux te manger, mon enfant ! » Et le vilain loup n'en fit qu'une bouchée, puis se sauva.

16

Sauvées !

– Elle était triste, ton histoire, dit Julie.

– Je n'ai pas eu le temps de la finir, proteste Mamie. Ecoute seulement la suite. Un chasseur, ami de grand-mère, vit le loup s'enfuir de la maisonnette. Vite, il entra et, découvrant le lit vide, le bonnet de nuit par terre, le panier d'osier et les fleurs éparses, il devina quel horrible drame venait de se dérouler. Alors, il se lança à la poursuite du loup, le retrouva, l'abattit d'un coup de fusil et lui ouvrit le ventre avec son couteau. Le Petit Chaperon rouge et sa grand-mère, que l'affamé avait avalées d'une bouchée, en sortirent un peu étourdies, mais bien vivantes !

17

Attention au loup !

– Julie, enfile une veste pour sortir, recommande Maman. Il fait plus froid aujourd'hui.

Julie est très pressée d'aller jouer au jardin et fait donc la sourde oreille.

– Je connais une petite fille qui va rencontrer le loup, avertit Papy.

– Le loup ? Quel loup ? Tu m'as toujours dit qu'il n'y en avait pas ici.

– Le loup qui a mangé le Petit Chaperon rouge. Elle non plus n'écoutait pas sa maman. C'est parce qu'elle lui a désobéi et est passée par le bois qu'elle a rencontré le loup.

– Ce n'est qu'une histoire, dit Julie en haussant les épaules. Il n'y a pas de loup ici. Mais, Papy... comme tu as de grands yeux !

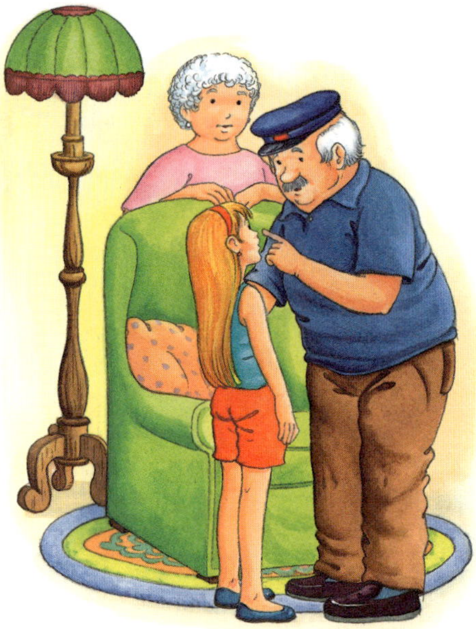

18 Encore le loup

– En allant chez Manon, j'ai rencontré un monsieur bien gentil, raconte Julie.

– Quel monsieur ? demande Papy.

– Je ne sais pas, je ne le connais pas. Mais il m'a dit que j'avais de beaux cheveux.

– Julie, viens près de moi, dit Papy. Je dois t'expliquer quelque chose de très important. Te souviens-tu que nous t'avons souvent défendu de parler à des inconnus ?

– Oui, je me souviens. Mais il était gentil, le monsieur.

– Tu ne le sais pas, ma chérie, puisque tu ne le connais pas. Certaines personnes ont l'air bien gentilles et ne le sont pas du tout. Rappelle-toi : le loup qui a mangé le Petit Chaperon rouge avait aussi l'air bien gentil au début de l'histoire. Crois-tu qu'il l'était vraiment ?

– Oh non ! il faisait le gentil pour pouvoir la manger. Je ne parlerai plus aux inconnus, Papy, c'est promis.

19 La bonne excuse !

– Papy, tu joues au badminton avec moi ? demande David.

– Je suis bien trop fatigué. Je voudrais d'abord dormir un peu.

– Encore ! Tu as déjà fait la sieste après le déjeuner !

– C'est à cause de la mouche tsé-tsé.

– Qu'est-ce que c'est que ça ?

– Une mouche qui vit en Afrique. Si elle te pique, tu attrapes la maladie du sommeil.

– Mais on n'est pas en Afrique ! Tu te moques de moi !

– Non, je ne me moque pas. C'est un lointain souvenir de mes voyages. J'ai été piqué par une mouche tsé-tsé au cœur de la forêt africaine et j'en ressens encore parfois les effets.

– C'est bien ennuyeux, dit David en s'éloignant.

– C'est surtout bien pratique lorsqu'on n'a pas envie de jouer, murmure Papy, qui se rendort.

20

La bonne blague !

– Papy, qu'as-tu fait en Afrique, à part te faire piquer par une mouche bizarre ?

– J'ai cultivé des bananiers au Cameroun. Je dirigeais la plus grande plantation du pays. On y récoltait des tonnes et des tonnes de bananes chaque année. Le plus dur était de les sortir de la forêt en les portant sur son dos et en sautant de liane en liane, comme Tarzan.

– Fantastique ! dit David. J'aimerais trop faire ça !

– Mamie, demande Julie en courant dans la cuisine, est-ce que tu sautais aussi de branche en branche avec les bananes ?

– Que racontes-tu là ? Des bananes ? Dans les branches ?

Mamie ouvre de grands yeux étonnés, puis se met à rire.

– J'ai compris, dit-elle, c'est encore une histoire de Papy !

21

Pauvre incompris !

Papy a emmené les enfants en forêt.

– Qu'est-ce que c'est, ce grand tas de brindilles ? demande Julie.

– C'est un nid de fourmis, hein, Papy ? dit David. Il est très grand !

– Je le trouve bien petit, comparé aux nids de termites que j'ai vus en Afrique, déclare Papy. Les plus grands s'élèvent à six mètres et font une quinzaine de mètres de tour. C'est plus grand que notre maison !

– Tu te moques encore de nous ! s'écrient les enfants.

– Bien sûr que non, proteste Papy, c'est la vérité vraie ! Mais on ne me croit jamais !

22 La partie de pétanque

Toute la famille joue à la pétanque au jardin. On a tiré les équipes au sort : Maman avec Papa, Papy avec David et Mamie avec Julie. À chaque partie, ces deux-là sont dernières, car Mamie a beau faire de son mieux, elle n'arrive jamais à envoyer ses boules près du cochonnet.

– Il est trop petit, se plaint-elle, je ne le vois pas.

Julie en a assez de perdre et cherche une solution.

– J'ai trouvé ! s'écrie-t-elle en se précipitant vers l'abri de jardin, d'où elle revient avec l'énorme boule du jeu de quilles. Ce sera notre cochonnet, annonce-t-elle. Celui-là, Mamie ne risque pas de le louper !

Invitation 23

– Tante Adèle nous invite à son anniversaire dimanche ! annonce Maman qui ouvre le courrier.

– Ce n'est pas possible, dit Papa. Dimanche, je dois nettoyer les rosiers.

– Et moi, j'ai promis de t'aider, ajoute David.

– Moi, je vais chez Manon, dit Julie.

– On ne peut pas refuser. Ce serait très impoli, proteste Mamie.

– Ma foi, j'aime mieux être impoli qu'aller m'embêter chez eux, soupire Papy.

– Nous devons y aller, décide Maman. Allons ! Ce n'est qu'un mauvais moment à passer. Cette fois, au moins, ce n'est pas nous qui devons nous tracasser pour le menu du dîner !

Le cadeau de Tante Adèle

24

Maman et Julie ont été chargées d'acheter le cadeau de Tante Adèle.
Papy leur a bien recommandé d'acheter quelque chose de très gros et de très laid.
C'est toujours ce genre de chose qu'elle nous offre, a-t-il grogné.
– Regarde ce tigre en peluche, propose Julie. Il est sûrement assez gros.
– Oui, mais Tante Adèle n'est plus une enfant ! proteste Maman.
– Alors ce grand vase, montre Julie. Il ressemble à celui qu'elle nous avait offert et que Plouf a cassé.
– Justement, soupire Maman, mieux vaut ne pas l'y faire penser !

– Et là, ce drôle de bonhomme ? On dirait une statue de nain.
– Un nain de jardin, excellente idée ! approuve Maman. Prenons le plus bizarre !

L'anniversaire

25

Tante Adèle pousse des cris de joie en découvrant le nain de jardin, qui va rejoindre cinq de ses frères sur la pelouse.

– Encore un et j'aurai les sept nains ! s'écrie-t-elle. Je serai leur Blanche-Neige !

– Elle serait plutôt la sorcière, chuchote David à l'oreille de sa sœur.

– Et elle n'a pas besoin d'un autre nain, répond Julie sur le même ton. Elle a Oncle Gaston !

– Que dis-tu, petite coquine ? demande Tante Adèle qui, heureusement, n'a pas compris, et qui se précipite sur Julie pour la chatouiller.

– Comment vont les calculs ? demande Tonton Gaston à David. Nous testerons tes progrès tout à l'heure, c'est promis !

– Courage, murmure Papa, ce n'est qu'un mauvais moment à passer...

– Le mois prochain, c'est mon anniversaire ! annonce Tonton Gaston. Nous pourrons refaire la fête !

26

Fééria

– Quel est le pays le plus étrange que tu aies visité, Papy ? demande David.

– C'est Fééria, répond Papy. Ses habitants sont les fées, les sorciers et les lutins. Ils nous rendent visite très souvent. La Fée Bleue veille sur votre sommeil, les lutins inspirent vos jeux, le sorcier Coup-de-pied vous incite à vous disputer.

C'est un pays plein de surprises. Un jour, tout y est jaune, le lendemain, on y voit la vie en rose. Les vaches donnent du lait ou du chocolat, au choix. Il y a des arbres à bonbons et des arbres à saucissons. J'y ai vu un vol d'éléphants verts, et un troupeau de moutons à plumes. Pour tout transformer, il suffit de quelques mots magiques. Si vous le voulez, ce pays merveilleux, vous pouvez le visiter. Allez vite vous coucher, fermez bien les yeux, et attendez la Fée Bleue.

27

Terrapet

– Tu t'es encore moqué de nous hier, dit David à Papy. Le pays dont tu as parlé n'existe pas. Il n'est même pas dans le dictionnaire. C'est sans doute le pays de tes rêves. Moi, j'en ai un aussi, il s'appelle Terrapet et ses habitants, les Pettaterres. Ils n'ont pas de jambes. Leurs pieds sont directement attachés à leurs fesses. Ils marchent en se dandinant et courent difficilement. Pour monter les escaliers, ils sautent de marche en marche, et pour les descendre, ils rebondissent sur leurs fesses. Comme elles sont grosses et élastiques, ils rebondissent très haut, comme des ballons. Tous les ans, ils élisent le grand champion du saut sur fesses et font une fête géante, dansant et bondissant toute la nuit.

28

Laboranima

– À toi, Papa, dit David. Raconte-nous ton pays.

– Il s'appelle Laboranima, dit Papa. C'est en quelque sorte un laboratoire où la vie s'est essayée à créer des animaux. Tous les animaux qui y vivent sont différents l'un de l'autre, comme si un créateur fou s'était amusé à les mélanger. Certains d'entre eux sont tout à fait extraordinaires, comme le Zèliocan, qui possède un corps et des ailes de pélican, une tête de lion, et une fourrure zébrée. Le Perrotigrafe, lui, a une tête de perroquet, un corps de tigre et un cou de girafe. Lorsqu'ils se reproduisent, cela devient du délire. Ainsi, le Papisouchamotacochodile, né du Papisoucham et de l'Otacochodile, a des ailes de papillon, une tête de souris, un corps de chameau, des nageoires d'otarie, une queue de cochon et des écailles de crocodile !

29

Sixjambettes

– Aujourd'hui, dit Julie, c'est à mon tour d'inventer un pays. Le mien s'appelle Sixjambettes et ses habitants, les Sixjambons. Ils ont deux jambes en bas, deux sur le ventre, et deux sur le dos. Quand les deux du bas sont fatiguées, ils sautent sur celles du ventre ou du dos. C'est bien le seul avantage de ces six jambes-là !

Pour s'asseoir ou se coucher, c'est vraiment très compliqué. Et pour les repas, toutes ces jambes étalées sur la table, avec ces pieds qui sentent le fromage, ça vous coupe l'appétit. Et vous imaginez le nombre de chaussettes et de souliers qu'ils doivent acheter. Les Sixjambons les plus riches, ce sont les cordonniers.

30 Tadbras

– À toi, Mamie, parle-nous de ton pays, dit David.
– Que diriez-vous d'avoir douze bras ? demande Mamie.
– Cela me plairait drôlement, dit Maman, pour éplucher six carottes en même temps !
– Sur la planète Tadbras, les Tadbrasiens ont douze bras, dit Mamie : six courts et six longs. C'est très pratique pour jouer de l'accordéon ou nettoyer la maison, pour couper du bois ou réparer un toit, pour mettre des bigoudis ou jouer aux billes. Le seul problème de ces bras-là, c'est de défaire les nœuds quand ils sont tous entortillés.

Grosœil 31

– Comme je rêve toujours de voir ce que les enfants font derrière mon dos, j'ai imaginé Grosœil, dit Maman. Les Grosyeux ont non seulement dix yeux : deux devant, deux derrière, deux sur le sommet de la tête, deux à gauche et deux à droite, mais en plus ce sont des yeux puissants qui servent de jumelles ou de microscope.

C'est très pratique : les instituteurs voient tout ce qui se passe dans la classe ou à la récréation ; les enfants regardent la télévision avec deux yeux et leur cahier de leçons avec deux autres ; les astronomes voient facilement les étoiles très lointaines et les microbes n'ont pas de secret pour les médecins. Le seul problème, c'est les lunettes : quand il faut en mettre cinq paires, ce n'est pas facile de les accrocher toutes à deux oreilles.

Juin

1 Le parasol à pluie

Quel fichu temps ! Il pleut, il pleut bergère, à ne pas mettre un chien dehors. Et surtout pas Youpi, qui refuse d'aller faire pipi.

– Il faudrait pourtant qu'elle sorte, dit Mamie, et Plouf aussi.

Papy a compris : c'est lui qui s'y colle !

En grommelant, il enfile donc ses bottes et sa veste. Mamie lui apporte le parapluie tandis que David et Julie essaient d'attraper Plouf, caché sous un fauteuil. Voilà, ça y est ! Mais Plouf se hérisse et Youpi résiste.

– Si j'avais un parapluie plus grand, je pourrais les abriter tous les deux, remarque Papy.

– J'ai une idée ! s'exclame David. Prends donc le grand parasol : tu le tiendras et je tiendrai Youpi.

Ce sont les voisins qui ont bien ri, en voyant, sur la route inondée, passer le grand parasol vert sous lequel Youpi et Plouf avaient enfin accepté de sortir.

2 Bain de boue au soleil

Enfin, le soleil est de retour... Mais il a tellement plu que la pelouse ressemble à une gigantesque éponge. Plouf bondit légèrement pour ne pas s'y engluer, tandis que les lourdes pattes de Youpi font « splotch, splotch » à chaque pas. Quant aux enfants... mais que font donc les enfants ? Ces coquins ont enlevé leurs bottes de caoutchouc et pataugent gaiement dans la gadoue ! Les bains de boue sont excellents pour la santé, tous les Chinois vous le diront !

3

Un petit cambrioleur

Les enfants sont en congé pour quelques jours et il fait si beau que la famille décide de partir à la mer. Un ami de Papy leur prête sa caravane, installée dans un terrain de camping près de la plage.

– On y est ! Voyons : emplacement 58... C'est ici. Vite, entrons et installons-nous !

Mais Papy a beau fouiller ses poches, son sac et la boîte à gants de la voiture, la clé reste introuvable ! Comment faire ? Heureusement, une petite fenêtre est restée entrouverte. David se glisse en dessous et réussit à entrer, puis à ouvrir la porte de l'intérieur.

– Tu ferais un bon cambrioleur, remarque Papy.

4

À la plage

Vite, à la plage ! Le soleil chauffe de tout son cœur mais l'eau est restée bien froide. David danse à la crête des vagues, sans oser se mouiller complètement.

– Regarde, moi je vais plonger ! s'écrie Julie, qui arrive en courant. Mais à peine a-t-elle mis un pied dans l'eau qu'elle repart tout aussi vite, prétextant qu'elle doit aider Papa à installer le parasol. Quant à Youpi, prudente, elle trempe la patte et décide qu'elle non plus ne nagera pas aujourd'hui.

Le château

5

Aujourd'hui, Papy et les enfants se lancent dans la construction d'un château de sable. Un fameux château ! Haut et grand, avec quatre tours, et un fossé qu'ils vont remplir d'eau.

Les enfants partent en courant avec leurs seaux. Attention, Julie ! Tu vas bousculer Papy ! Trop tard... Papy, qui était à genoux, penché en avant, est déséquilibré et tombe à plat ventre sur le beau château. Il a du sable plein la bouche et le nez. Et Julie, de grosses larmes plein les yeux devant le château écrasé.

– Allons, Julie, ne pleure pas ! la console David. Nous en ferons un autre demain.

– Ben voyons, c'est comme d'habitude, grogne Papy. On pleure sur des tours écrasées, mais on ne s'occupe pas de son Papy ensablé !

Les coquillages

6

Les enfants adorent ramasser des coquillages et, s'ils sont assez gros, les coller contre leur oreille pour entendre le bruit de la mer.

– Voyons, Julie, ne ramasse pas ces vieilles coquilles de moules, dit Mamie. Prends plutôt celui-ci, regarde comme il est joli, blanc strié de rose.

– Oui, il est beau, reconnaît Julie. Mais j'aimerais surtout trouver une étoile de mer.

– Et moi, un beau gros coquillage en colimaçon, soupire David.

– Il fallait le dire ! s'écrie Papy, en sortant l'une et l'autre de ses poches.

– Formidable ! s'écrient les enfants. Où les as-tu trouvés ?

– Au magasin, sur la digue, répond Papy en riant.

7 Le requin

Aujourd'hui, les enfants veulent absolument aller nager. Ils avancent prudemment dans l'eau pas bien chaude, faisant de grands moulinets avec leurs bras pour se réchauffer.

– Allez, je me lance ! s'écrie David.

– Attends, souffle Julie en le retenant par la main, regarde, là, cette nageoire noire qui sort de l'eau !

– Un requin ! Au secours ! Fuyons ! crie David.

Les deux enfants se précipitent sur la plage où ils arrivent grelottant de froid et de peur. Ils se retournent vers le large et voient alors l'aileron du requin émerger nettement des flots, tenu à bout de bras par un Papy hilare, bien heureux d'avoir réussi une bonne blague !

Les mouettes 8

Les congés se terminent, il faut rentrer à la maison. Mais avant, Mamie et Maman emmènent une dernière fois les enfants sur la plage. Ils ont pris un gros sac de pain sec pour jeter aux mouettes qui tournoient bientôt autour d'eux en criaillant.

– Au moins, pour les mouettes, on est sûr que ce sont de vrais oiseaux, dit Julie, ce n'est pas comme le requin d'hier !

– Je me le demande, répond David. Regarde bien la grosse, sur ta gauche, qui porte une casquette de marin, es-tu certaine que ce n'est pas Papy ?

9 La fête scolaire

Aujourd'hui, à l'école, pas de calculs ni de dictées. C'est la fête ! Chaque classe a préparé un petit spectacle. David, déguisé en vieux savant, aide les enfants à vaincre les robots qui ont pris le pouvoir dans la pièce que sa classe a inventée. Julie, en lavandière, chante pour les soldats, dans un panorama de la musique à travers les âges. Après le spectacle, les jeux : château gonflable, pêche aux canards... et pour réjouir le ventre des affamés : barbecue, crêpes et glaces à gogo. Petits et grands, tout le monde s'amuse ! Qui a dit que l'école n'était pas gaie ?

Le hérisson et la curieuse 10

Papy va brûler le tas de branches coupées entreposées au fond du jardin. Il les arrange d'abord un peu avant d'y mettre le feu. Tiens, qu'est-ce qui bouge là-dessous ?

– Oh, regardez, les enfants, c'est un hérisson ! Il a sans doute fait son nid sous le tas, et il y a peut-être des petits. Pas question d'y mettre le feu, dit Papy.

– Youpi, non ! Ne le touche pas : il pique ! crie Julie.

Trop tard. Youpi a voulu voir de plus près ce drôle d'animal roulé en boule et s'enfuit à présent avec plusieurs piquants dans le museau. Avec une pince à épiler, Mamie les lui retire un par un :

– Tu apprendras, grande curieuse, qu'il ne faut pas mettre ton nez partout !

11 Les appeaux

Papy a une surprise pour les enfants : des appeaux, pour imiter le cri des oiseaux, en espérant qu'ils vont répondre. Celui de David imite le chant du merle et celui de Julie, le pinson. Le bruit est bien joli, lorsqu'on sait s'en servir et les deux enfants s'y exercent tant qu'ils peuvent. Enfin, David lance un long trille, auquel répond bientôt un merle siffleur. Julie essaie à son tour, et les notes qui suivent semblent bien venir d'un pinson. Quel joli cadeau que ces petits instruments qui permettent de dialoguer avec les oiseaux ! Plouf en a d'ailleurs les moustaches qui frétillent, et Julie se promet bien de ne jamais lui prêter son appeau !

À la rivière 12

C'est dimanche, et il fait très chaud. Papa a proposé d'aller au bord d'une rivière, où il connaît un endroit pour jouer dans l'eau sans danger.
– Oh, que c'est joli ! s'exclament les enfants en arrivant.
Vite, ils se déshabillent et, en maillot, courent au bord de l'eau.
Brr ! Elle est froide ! Il faut y entrer tout doucement, pour s'y habituer.
Maman les rejoint et se met à nager près d'eux. Youpi court au bord en aboyant, avant d'oser enfin se lancer. Papa gonfle un gros ballon de plage et le lance aux enfants. Mais un coup de vent l'emporte. Youpi se lance à sa poursuite et, d'un coup de gueule, l'attrape et le ramène, très fière.
Le ballon est troué et se dégonfle, mais qui pourrait le lui reprocher ?
Et d'ailleurs, Papa propose bien vite un autre jeu : un concours de ricochets.
Youpi peut bien essayer de rattraper les cailloux : ils ne risquent rien !

La fête des papas

13

C'est aujourd'hui la fête des papas. David et Julie ont eu bien du mal à attendre ce matin pour lui offrir les bricolages qu'ils ont ramenés de l'école vendredi. Enfin, le moment est venu :

– Bonne fête, Papa !

David lui offre un porte-papier en bois joliment décoré.

– Voici qui me sera bien utile, dit Papa en l'embrassant. Merci beaucoup, mon chéri.

Julie tend à son tour son cadeau : un beau cadre en carton peint, où elle a glissé une photo d'elle.

– Je le mettrai dans mon bureau, dit Papa, ainsi tu seras toujours près de moi.

Et il embrasse Julie.

– Et nous n'avons pas oublié notre cher Papy ! s'écrient alors les enfants. Regarde, voici une boîte pour ranger tes clous et tes vis. Nous avons peint une boîte à chaussures et Papa nous a aidés à y faire de petits casiers en carton.

Voici un cadeau bien pratique et ingénieux, et un Papy bien ému !

Loups-garous

14

– Maman ! crie Julie. David me raconte des histoires horribles et j'ai peur !

– Ce ne sont pas des histoires horribles, proteste David. Ce sont des histoires d'animaux.

– De vilains animaux, oui ! dit Julie. Tu me parlais des loups-garous !

– Les loups-garous n'existent pas, dit Maman. Ce sont des êtres imaginaires. Mais il ne faut pas en parler le soir à ta petite sœur, David. Le soir, il faut de jolies histoires pour bien s'endormir. J'entends Papy qui monte, il va sûrement pouvoir vous en raconter une.

– Bien volontiers ! dit Papy. Voyons, que je réfléchisse... Je sais, je vais vous raconter une histoire d'animaux. Il était une fois un petit chien qui se prenait pour un loup-garou et...

– Maman ! crie Julie...

15 La princesse et le petit pois

Pour se faire pardonner, Papy propose une jolie histoire. Il était une fois, dans un palais, un prince qui désespérait de rencontrer la princesse de sa vie. Un soir, alors qu'un orage violent se déchaînait, on frappa à la porte du château et un laquais fit entrer une jeune fille trempée, qui déclara être une princesse égarée dans les bois. Le roi lui offrit l'hospitalité pour la nuit et la reine lui fit préparer une chambre. « On n'a jamais vu de princesse égarée seule dans les bois un soir d'orage, se disait-elle. Cette jeune fille se moque de nous ! Et mon fils le prince la regarde déjà avec des yeux d'amoureux transi ! Il est vrai qu'elle est bien jolie, mais il faut que je sache si elle est réellement princesse. » Et la reine mit la jeune fille à l'épreuve...

16 Une vraie princesse !

Comme chacun le sait, les vraies princesses ont la peau très sensible. Aussi la reine mit elle, sur le sommier du lit, un petit pois, qu'elle fit recouvrir d'une douzaine de gros matelas moelleux. « Je pense qu'avec tant de matelas, vous dormirez bien », dit-elle à la jeune fille. « Je vous remercie, répondit celle-ci, j'ai la peau si sensible que je ne supporte qu'un lit bien mou. » La reine sourit sans rien dire. Le lendemain matin, elle attendit impatiemment le lever de la jeune fille. Lorsqu'elle parut, elle avait les traits tirés et les yeux cernés. « N'avez-vous donc pas bien dormi ? » s'étonna la reine. « Oh, non ! gémit la pauvre petite. Il y avait dans mon lit comme une petite bille toute dure qui m'a fait souffrir toute la nuit ! » La reine, pleinement rassurée, encouragea donc son fils à épouser cette vraie princesse et, en cadeau de noces, leur offrit vingt gros matelas !

17

Julie et la petite perle

Julie se lève en gémissant et descend l'escalier à grand-peine.
– Je ne pourrai pas aller à l'école aujourd'hui, annonce-t-elle. J'ai très mal dormi et j'ai un horrible mal de dos.
– Tu étais sans doute couchée dans une mauvaise position, répond Maman. Remue doucement les bras et les jambes, pour te détendre le dos.
– Non, non ! ce n'est pas ça, explique Julie. Il y avait une petite perle sous mon matelas et elle me faisait très, très mal. C'est que j'ai la peau si délicate !

Le test

18

Toute la famille est installée à table pour déjeuner. Julie arrive enfin, bonne dernière, comme d'habitude.
– As-tu mieux dormi aujourd'hui ? demande Papy.
– Oui, bien mieux ! répond Julie. Papa avait enlevé la perle.
– Alors, dit Papy tristement, je suis au regret de t'annoncer que tu n'es pas une vraie princesse.
– Et pourquoi donc, demande Julie, puisque la perle n'était plus là ?
– Parce que j'avais glissé un petit caillou sous ton matelas et que tu n'as rien senti, petite coquine !
Tous les autres éclatent de rire, et Julie, d'abord fâchée, choisit de rire aussi, tout en se promettant qu'elle aura sa revanche !

La revanche de Julie

19

Ce soir, Julie va se coucher sans discuter. Elle demande l'autorisation de lire un peu avant de dormir.

En fait, elle attend impatiemment que Papy aille se coucher. Ah, voilà ! Il monte dans sa chambre... Julie tend l'oreille. Elle entend Papy et Mamie aller et venir puis, enfin, le silence se fait. Pas pour longtemps ! Soudain, un juron se fait entendre et Papy, se relevant en vitesse, montre à Mamie un gros marteau glissé sous son oreiller !

– Que fait là ce marteau ? demande Mamie, étonnée.

Un éclat de rire de Julie lui en donne l'explication.

– La petite s'est vengée, dit-elle en souriant. Voici l'attrapeur bien attrapé !

À ces mots, Julie surgit et s'écrie :

– Papy, tu es une vraie princesse !

20

L'anniversaire de Maman

C'est l'anniversaire de Maman. Et, dans dix jours, ce sera celui de Mamie ; puis, le lendemain, celui de Julie.

– Nous ferons une seule grande fête le jour de l'anniversaire de Julie, avait dit Maman.

Tout le monde était d'accord, mais les enfants voudraient quand même faire une surprise à Maman aujourd'hui.

Que pourraient-ils faire ? Papy vient à la rescousse :

– Allons dans les champs, cueillir des fleurs sauvages, nous lui ferons un énorme bouquet !

Une heure plus tard, ils sont de retour, les bras chargés de fleurs. Mamie les aide à les arranger.

– Avec celles qui restent, nous pourrions lui faire une couronne, propose David.

– Et un collier, ajoute Julie.

À son retour du travail, voici Maman parée de fleurs, comme la reine des campagnes ! Elle sourit de bonheur, en embrassant tendrement les petits moissonneurs.

21 Soirée au jardin

Il fait si beau, ce soir, qu'on décide de manger dehors. Papy fait griller la viande sur le barbecue et les enfants aident Papa à mettre la table tandis que Maman et Mamie préparent les salades. Quel plaisir que ces soirées d'été au jardin ! Après le repas, les adultes bavardent et les enfants jouent sur la balançoire.

– Il est l'heure d'aller se coucher ! appelle Maman.

– Oh, non ! pas maintenant ! Encore un peu, s'il te plaît, on ne va pas à l'école demain.

Maman se laisse fléchir et, pour ajouter encore au bonheur des enfants, Papa et Papy acceptent une partie de cache-cache. Comme le temps passe et qu'il se dit que Maman va les envoyer au lit, David décide de se cacher si bien qu'on ne le trouvera pas.

Mais Maman devait avoir deviné son projet car, avant qu'il ait le temps de le mettre à exécution, elle s'écrie :

– Au lit, cette fois !

22 Les chauves-souris

Ce soir, il fait encore beau, et si chaud dans la maison que Papy emmène les enfants faire une courte promenade avant de se coucher.

– Il faut parler bas, et le moins possible, pour écouter les bruits de la nature, dit-il. Là ! Vous avez entendu ? C'est une chouette. Et, au loin, on entend braire l'âne de la ferme.

– Et ça, qu'est-ce que c'était ? demande David en sursautant. J'ai eu l'impression qu'un oiseau frôlait mes cheveux.

– Ce n'est pas un oiseau, mais une chauve-souris, répond Papy. Regardez, elles sont deux, qui vont et viennent dans leur ballet aérien, gobant les moustiques au vol. Grâce à elles, nous ne serons pas piqués ce soir.

23 Promenade en bateau

La famille a décidé, par cette belle journée, de faire une promenade sur la Moselle. À l'avant du bateau, David se prend pour un capitaine à la recherche de terres inconnues. Il a découvert sa vocation : explorateur ! Penchée par-dessus le bastingage, Julie s'imagine sirène, enchantant les marins par ses chants.

Les cheveux au vent, elle chante doucement. Papa et Papy, guides touristiques à la main, leur parlent de l'histoire des villes qu'ils traversent ; mais, tout à leurs rêves, les enfants n'entendent pas, emportés bien plus loin, dans le merveilleux pays imaginaire...

Les révisions 24

– Allons, dit Maman, il faut faire quelques révisions pour vos examens de fin d'année. Juste un petit effort, c'est bientôt les vacances.

David souffle sur les surfaces et les volumes, Julie peine sur une dictée. Mais, si David veut être capitaine de frégate, pouvoir lire les cartes de navigation, manier le compas, comprendre le fonctionnement des voiles et des moteurs, il doit bien en passer par ces affreux calculs ! Et si Julie veut écrire des chansons qui feront danser le monde entier, il faut qu'elle puisse les écrire sans faute !

Les examens

25

– Comment se sont passés vos contrôles aujourd'hui ? demande Papa.

– Difficiles ! dit David, mais je crois que je m'en suis sorti.

– Moi aussi, dit Julie. C'est bon ! Je n'ai plus besoin de réviser.

– Ce n'est pas ce qui est inscrit dans ton journal de classe, remarque Maman. Julie : *revoir les tables de multiplication*; David : *les conjugaisons*. Allez, au travail !

– Faites encore un petit effort, les encourage Papy. Si vos carnets de notes sont bons, je vous emmène au zoo à la fin des examens.

Alors, repartis dans le rêve, les enfants se mettent au travail. David conjugue à tous les temps le verbe « visiter » et Julie multiplie les pattes d'un troupeau de gazelles.

Histoire vache

26

– On a sonné à la porte, crie Papy. David, va donc ouvrir !

– Coucou, c'est nous ! s'exclament Tante Adèle et Tonton Gaston.

– Au feu, c'est eux ! se dit David, qui se force à leur sourire.

– J'ai pensé qu'en période d'examens, mon neveu aurait besoin d'aide, dit Tonton Gaston. Alors, je suis venu avec un problème que j'ai inventé tout spécialement pour toi. Écoute bien... Un fermier a trente vaches dans un pré, les deux tiers de ce premier troupeau dans un autre, et le double des deux premiers troupeaux dans un troisième : combien a-t-il de vaches en tout, et combien de lait peut-il espérer au bout d'une semaine si chaque vache en produit cinq litres par jour ?

– Beaucoup trop, dit David. Il ne boira jamais tout ça !

27 Trop, c'est trop !

– Julie, fais donc un peu attention ! gronde Maman. Tu as encore écrit « des enfant » sans « s ». Tu le sais, pourtant, que les noms prennent « s » au pluriel !

– Oui, je le sais, dit Julie. Mais je suis épuisée à travailler ainsi tout le temps : à l'école pendant la journée, à la maison le soir ! Même la nuit, je rêve de calculs et de dictées. Je n'ai plus jamais de repos ! Alors, je me trompe. Que veux-tu ? Trop, c'est trop !

28 Les carnets de notes

Les enfants sont tout heureux : les examens sont terminés et leurs carnets de notes sont bons. Les instituteurs l'ont dit, même s'ils ont indiqué, en fractions pour David, et en soin pour Julie : « *pourrait faire mieux* ». Mais, dans l'ensemble, c'est très bien, et leurs parents sont contents. Quant à Papy, les lunettes sur le bout du nez, il étudie leurs notes depuis cinq minutes sans dire mot.

– Alors, demande David, tu es content ? Tu vas nous emmener au zoo ?

– Ce n'est pas parfait, constate Papy, j'espérais mieux... Alors, peut-être un demi-zoo...

Les enfants s'apprêtent à protester face à ce Papy trop difficile, lorsqu'ils se rendent compte qu'il se moque d'eux, une fois de plus. Et c'est en riant qu'ils se jettent sur lui pour faire semblant de le boxer.

– C'est bon ! Je me rends ! Vous aurez votre zoo complet ! s'écrie Papy en agitant son mouchoir blanc.

29

Au zoo

– Je voudrais voir les éléphants, dit David, et puis les ours, et les lions, et...
– ... Et les girafes, les singes, les gazelles, dit Julie, et encore...
– Nous les verrons, dit Papy en riant. Venez, commençons par cette allée. Voici les zèbres, les antilopes et les gnous, qui paissent bien tranquillement. Et là, dans les arbres, les singes qui font des cabrioles. Oh ! l'éléphant, comme il est gros ! Et la girafe, on dirait qu'on a tiré sur son cou pour qu'il soit aussi long ! Les lions et les tigres se chauffent au soleil, les ours blancs prennent le frais dans leur bassin...
– Que diriez-vous d'une promenade à dos de chameau ? propose Mamie. Oh oui ! quelle bonne idée ! Mais que c'est haut ! Et ça tangue comme sur un bateau ! Ouf, c'est fini. On est mieux sur ses pieds. Vite Papy, vite Mamie, il reste tant à voir !

Préparatifs

30

Tout le monde prépare la fête de demain. Papa et Papy tondent la pelouse et nettoient les parterres. Mamie fait les gâteaux et Maman nettoie les légumes. Les enfants confectionnent en cachette une surprise pour Mamie, dont c'est aujourd'hui l'anniversaire. Comme Mamie perd toujours ses lunettes, Julie fait une chaînette de perles pour les attacher à son cou. David plante dans un petit pot du thym et de l'estragon qu'elle pourra conserver à la cuisine.

– Bon anniversaire, Mamie ! Regarde ce que nous avons fait pour toi !
Mamie est bien contente, elle ne s'attendait pas du tout à ces jolies surprises. Elle appelle Papy pour qu'il les admire.
– C'est très beau, dit Papy, sifflant d'admiration. Mais... on dirait que ça sent le brûlé, ici ?
– Mon Dieu, mon gâteau brûle ! s'écrie Mamie. J'étais si occupée à regarder mes cadeaux que je l'ai oublié !

1

L'anniversaire de Julie

Toute la famille est arrivée. Il fait très beau et on a installé les tables dehors pour le repas. Julie et sa cousine Clémentine se sont maquillées pour être plus jolies. On ouvre des bouteilles de mousseux pour les grands et de limonade pour les enfants. C'est la fête ! Les adultes plaisantent en mangeant, les enfants avalent quelques bouchées en vitesse pour aller vite jouer.
« Venez tous ! Voici le gâteau ! ». Tout le monde chante « Joyeux anniversaire ! » et Julie reçoit ses cadeaux. Vite, il faut essayer le nouveau vélo et monter la petite tente ! Oh, que ces robes sont jolies ! Et tous ces livres ! Comment, c'est déjà le soir ? Vous n'allez pas tous partir ? Et si, hélas ! Mais c'est promis, on se retrouve très vite pour l'anniversaire de la petite Pauline.

La tente

2

David et Julie ont décidé de dormir cette nuit dans la tente canadienne que Julie a reçue pour son anniversaire. Sans rien dire à leurs parents, ils y ont installé des coussins, des sacs de couchage et des bonbons. Mais, le soir venu, Papa et Maman, informés du projet, ne sont pas d'accord : ils sont certains que les enfants auront peur, tout seuls dans le noir.

– Nous prendrons Youpi avec nous, propose David.

– Impossible, rétorque Papa, elle bougerait tout le temps et vous empêcherait de dormir.

– Ce n'est pas juste ! dit Julie. Ce n'était pas la peine de m'offrir une tente si vous ne vouliez pas qu'on y dorme !

Mais, que fait donc Papy en pyjama, un oreiller sous le bras et une lampe de poche à la main ?

– Je dors avec vous sous la tente ! annonce-t-il.

Pour un chouette Papy, c'est un chouette Papy !

Une bonne nuit !

3

Dès le lever du soleil, les trois campeurs regagnent la maison, l'air épuisé. Papy, courbé en avant, se tient le dos en gémissant.

– Ce n'est plus de mon âge, bougonne-t-il, c'est bien trop inconfortable.

Les enfants bâillent à se décrocher la mâchoire.

– Je n'ai pas pu dormir, se plaint David. Papy ronfle comme un moteur de tracteur !

– Nous aurions mieux fait de prendre Youpi, ajoute Julie.

– Voilà une remarque fort peu gentille, grogne Papy. Quand je pense que je vous ai sacrifié une bonne nuit dans un bon lit !

Pauvre Papy ! Heureusement que Mamie est là pour lui masser le dos ! Et Julie, pour se faire pardonner, va lui faire un gros bisou et lui souffle :

– Merci, Papy, tu pourras revenir la nuit prochaine, si tu veux !

4 Au clair de la lune, mon ami Papy

– Il est bien triste de vieillir ! soupire Papy, que son dos fait toujours souffrir. Lorsque j'étais jeune, j'ai campé énormément, souvent sans matelas et parfois même sans tente. Je n'ai jamais eu mal au dos ! Et j'ai fait de bien jolies rencontres... Ainsi, un été, je travaillais comme bûcheron et je dormais dans les bois. Une nuit, il faisait si beau que j'ai quitté la tente, pour profiter du magnifique ciel étoilé. J'étais couché sous un chêne, et je voyais la lune entre ses branches. Soudain, j'ai entendu un bruissement dans l'arbre et la lune a disparu, cachée par deux grandes ailes : c'était une chouette qui s'éveillait et s'envolait pour sa chasse nocturne.

– Au clair de la lune, mon ami Papy, chantonne Julie. Et David continue :

– Passe-moi ta chouette, pour avoir une plume !

5 Les joies du camping

Papy refusant énergiquement de passer une nouvelle nuit sous la tente, les enfants ont une idée : ils vont y faire la sieste tout seuls. Soudain, un cri jaillit :

– Papy ! au secours ! Il y a une grosse araignée sur mon coussin.

Papy vient à la rescousse et inspecte aussi les sacs de couchage.

– Bêêk ! Il y a deux mouches mortes dans le mien, dit David.

– Et des fourmis, là, au fond ! ajoute Julie.

Voilà, c'est nettoyé, la sieste peut commencer. Mais bientôt...

– Papy ! au secours ! Il y a une guêpe dans la tente.

Mais Papy fait la sieste dans sa chambre et refuse de quitter son lit. Découragés, les enfants abandonnent le terrain aux insectes.

– Eh bien, mes chéris, dit Mamie en riant, je vois que vous découvrez les joies du camping !

6 Autres joies

– Il commence à pleuvoir, remarque Maman. On dirait que nous allons avoir un gros orage.

– Heureusement que nous avons bien enfoncé les piquets de la tente, dit Papa. Sans quoi, elle risquerait de s'envoler. J'espère aussi que vous l'avez bien refermée !

– Euh... oui !... dit David.

– Je crois bien, ajoute Julie.

Mais ils n'en sont pas très sûrs et, lorsque la pluie cesse, ils se précipitent pour vérifier. La tente n'était pas bien fermée et... tout est noyé ! Par bonheur, le soleil revient et on va pouvoir tout faire sécher.

– Que voulez-vous, dit Maman, ce sont...

– Les joies du camping ! terminent les enfants.

Projets de vacances 7

– Dans un peu plus de trois semaines, nous partons pour la Provence, annonce Papa.

– Cela fait combien de fois dormir ? demande Julie.

– Exactement vingt-cinq fois, compte Maman. Et après, à nous le grand soleil et les cigales !

– Je suis drôlement impatient, dit David. Je voudrais partir demain ! Et toi, Papy ?

– Moi, répond Papy, je ne pourrai jamais attendre trois semaines. J'ai bien envie de partir plus tôt et de passer d'abord quelques jours en Suisse, où j'ai des amis que j'aimerais revoir.

– Et tu vas nous emmener ? demandent les enfants. Nous n'avons jamais vu de montagnes.

– Ma foi, ça se discute, dit Papy. Peut-être, si vous êtes sages...

8

Sages, mais pas trop !

– Donne-moi ce râteau, Papy. Je vais ramasser les herbes, propose David.
– Assieds-toi, Mamie. Je vais débarrasser la table, offre Julie.
– Laisse-moi pousser la brouette, Papy, sinon tu auras mal au dos, dit David.
– Je vais balayer la cuisine, déclare Julie. Va donc faire la sieste, Mamie.
– Mais que se passe-t-il aujourd'hui ? Quelle mouche vous a piqués pour que vous soyez aussi gentils ? demande Papy.
– Nous sommes sages, dit David.
– Pour aller en Suisse, ajoute Julie.
– Mais je blaguais ! s'écrie Papy en riant. Bien sûr, je vous emmène !
– Chouette ! Formidable ! Alors, maintenant, on peut aller jouer ?

9

L'anniversaire de Pauline

La petite cousine Pauline fête aujourd'hui ses deux ans. Toute souriante sous ses boucles, elle court d'un cadeau à l'autre. Le plus beau, c'est le toboggan ! Elle le descend à toute vitesse en riant. Heureusement que Julie et Clémentine sont là pour la rattraper en bas ! Et que David et Aurélien l'aident à remonter. Après une heure, ils sont tous bien fatigués. Mais voici le gâteau, énorme sous ses deux bougies. Allez ! Pauline, souffle ! Bravo ! Mais son papa a raté la photo : il faut rallumer les bougies et recommencer. Pauline est d'accord, elle adore ça !
– Encore photo ? Encore souffler ? demande-t-elle en riant.

10 En bas de la carte

– Les vacances constituent une excellente occasion de s'instruire, dit Papy. Commençons par la géographie. Regardez la carte : nous sommes ici, au nord de la France. Pour aller en Provence, c'est tout simple, on descend tout droit vers le sud, presque jusqu'à la mer, tout en bas de la carte. Pour aller en Suisse, on descend aussi au sud, mais moins bas, puis on oblique à l'est. Nous allons maintenant établir notre itinéraire de voyage.

Le soir venu, les enfants montrent l'itinéraire à Papa.

– Où se trouve la Suisse, par rapport à nous ? demande Papa.

– Au sud-est, répond David.

– Bravo ! Et la Provence ?

– Presque tout en bas de la carte ! s'écrie Julie.

11 Pepet-ski

– Les enfants, que faites-vous avec cette luge ? demande Maman.

– C'est pour aller en Suisse. Papy nous a dit qu'il y avait de la neige au sommet des montagnes.

– Oui, mais bien haut ! Il est bien difficile d'y arriver et il serait dangereux d'y faire de la luge, explique Papa.

– Alors, tant pis ! réplique David. Si nous arrivons jusqu'à la neige, nous ferons du pepet-ski !

Les bagages

12

– Dites, les enfants, vous ne croyez pas que vous pourriez nous aider au lieu de jouer dans nos pieds ? demande Papa.

– D'accord, nous allons préparer nos valises.

– Inutile, dit Maman, j'ai presque terminé.

– Alors, nous allons faire les sandwichs du pique-nique.

– Je viens juste de les emballer, répond Mamie.

– Eh bien, il ne nous reste plus qu'à charger les bagages.

– C'est moi qui m'occupe du coffre ! affirme Papy.

– Dites donc, les grands, il faudrait savoir ce que vous voulez, dit David. Vous nous demandez de vous aider, puis vous ne voulez rien nous laisser faire !

Le voyage

13

Après de gros bisous à Papa et à Maman, qu'on retrouvera en Provence, c'est le grand départ.

– C'est encore loin ? demande Julie après une demi-heure.

– Bien sûr, répond Mamie, nous venons à peine de démarrer !

À midi, on s'arrête en bordure d'un bois, pour pique-niquer.

– Dormez un peu, conseille ensuite Papy, cela vous semblera moins long. Les kilomètres défilent, on devrait bientôt arriver en Suisse. D'ailleurs, la route change, elle devient très sinueuse, elle monte et descend, comme sur les jeux des parcs d'attraction. Ah ! voici les premières montagnes. Et enfin, on arrive au camping où Papy a réservé un emplacement pour le mobile-home. Il est fantastique, en pleine nature ! C'est parti pour des vacances formidables !

14 Sur le lac

Par une petite route aux virages en épingle à cheveux, on arrive au village de Champex, avec son petit lac bleu, entouré de montagnes. On en fait le tour en flânant et l'eau est si claire qu'on peut observer les petits poissons.

Les enfants voudraient se baigner, mais l'eau est bien trop froide ; alors Papy propose de louer un pédalo. Il se met à l'avant, avec David, et tous deux pédalent de bon cœur, tandis que Mamie et Julie profitent du soleil, en laissant glisser leurs mains dans l'eau.

Comme on est bien ! Pourvu que les autres journées soient aussi agréables !

15 Le dahu

Il fait si bon, ce soir, que Mamie et Papy sont restés dehors, à admirer la lune et les étoiles. Les enfants, eux, décident de partir en exploration. Mais la nuit est pleine de bruits étranges.

– Tu es sûr qu'on ne risque pas de rencontrer des bêtes féroces ? demandent-ils à Papy.

– Non, répond Papy, mais vous aurez peut-être la chance de voir un dahu. C'est un animal fabuleux, qui ne vit que dans les montagnes. Comme il marche toujours à flanc de rocher, il a les pattes de droite plus courtes que celles de gauche. Si vous en voyez un, appelez-moi, je ne voudrais pas manquer le spectacle !

16 L'alpage

Aujourd'hui, direction la montagne ! Le guide signale un alpage, à deux mille mètres d'altitude, accessible à pied en trois quarts d'heure par un chemin pas trop difficile. Le chemin serpente au flanc de la montagne où poussent à profusion quantité de fleurs qui émerveillent Mamie. C'est bien joli, mais qu'est-ce que ça grimpe ! Après dix minutes, chacun tire la langue et cherche son souffle. Mais Papy refuse de s'avouer vaincu et avance obstinément. Il faut bien le suivre...

Enfin, après un ultime virage, le chemin arrive en vue de l'alpage. Là, des tables attendent les marcheurs, qui peuvent goûter le lait et les fromages faits sur place. C'est drôlement bon et la vue est superbe. On est fier d'y être arrivé et pas trop inquiet pour le retour : descendre, c'est bien plus facile !

17 Balade en forêt

Mamie a demandé un peu de repos, et, après une matinée à jouer dans le jardin et un bon repas sur le balcon, Papy emmène les enfants en forêt. Le chemin, à peu près plat au début, se met très vite à monter entre les sapins.

– On ne fait donc que grimper, dans ce pays ? soupire David.

– Non, dit Papy, après, on redescend toujours ! Et cette fois, on redescendra en suivant un torrent de montagne où coulent, sur d'énormes rochers, les eaux de la fonte des neiges.

Papy autorise les enfants à escalader les rochers au bord de l'eau, mais il leur interdit de s'aventurer dans le lit du torrent, bien trop dangereux. On retourne ensuite au chalet à travers la forêt, qui regorge de fraises des bois, de myrtilles et de framboises, pour un goûter sauvage bien rafraîchissant.

18 La raclette

Les amis de Papy ont invité la famille à venir manger la raclette. En Belgique, pour la raclette, on fait simplement fondre des tranches de fromage sur des petites poêles chauffées électriquement. Mais la vraie raclette suisse, c'est bien autre chose ! Un beau feu brûle entre de grosses pierres, et le cuisinier présente à la flamme une énorme roue de fromage dont il racle la tranche fondue avec un grand couteau. Chacun à son tour vient avec son assiette pour recevoir sa « raclette », puis piquer une pomme de terre cuite sous la cendre et un gros cornichon. Le repas peut durer des heures, surtout si on est nombreux !

19 Le lac souterrain

Il pleut. Que faire ? Papy consulte son fameux guide et décide la visite d'un lac souterrain. Ce lac est si grand qu'on y circule en barque.

– Surtout, ne tombez pas ! dit le guide. L'eau est très froide ! Regardez, dit-il ensuite. Dans le plafond de la grotte, il y a de gros boulons qui permettent chacun de retenir une tonne de roche. Sans eux, elle risquerait de s'écraser sur les visiteurs en cas d'éboulis sur la montagne.

Les enfants ne sont pas très rassurés. Heureusement, ils sont vite distraits par de gros poissons nageant près de la barque.

– Attention, dit le guide, ne mettez pas vos mains dans l'eau, ce sont des truites mangeuses de doigts !

– Ah, bravo, Papy ! dit David. Ici, on est à l'abri de la pluie, mais on risque de tomber dans l'eau glacée, d'être écrasés par des tonnes de rochers ou dévorés par des poissons !

20 En télésiège

– Je lis ici, dans mon guide, qu'il ne faut pas manquer de voir le lac Noir, au-dessus du petit village de Chandelin, à près de 2500 mètres d'altitude, dit Papy.
– Quoi, encore grimper ? Oh non ! protestent les enfants.
– Il est possible de prendre le télésiège, précise Papy. Voilà qui change tout ! En route donc pour Chandelin. Papy achète des billets pour le télésiège et on s'installe : Mamie avec Julie et Papy avec David. C'est bien agréable de monter sans se fatiguer. On passe au-dessus des promeneurs, avec leurs gros sacs à dos, et des vaches, avec leurs grosses cloches au cou. Voici le sommet. Mais comment soulève-t-on la barre de protection pour descendre des sièges ? Mamie commence à paniquer. Heureusement, un homme se précipite pour l'aider. Ouf ! On a bien cru qu'elle allait repartir pour un tour !

21 Les sauterelles

Dans le pré, près du chalet, on entend des bruissements et des crissements. Ce sont les sauterelles. On les entend mais on ne les voit pas, sauf quand elles sautent en déployant leurs ailes colorées. Lorsqu'elles restent immobiles, elles se confondent avec les herbes. Les enfants sont bien décidés à en attraper quelques-unes. Mais ces coquines ont la spécialité d'arrêter de faire du bruit dès que l'on s'approche trop près. La chasse s'avère bien longue et difficile. Enfin, les enfants reviennent au chalet avec quatre sauterelles dans leur petite boîte. Ils ont fait des trous dans le couvercle et ont déposé des herbes au fond. Ils pensent donc qu'elles sont très bien.
– Elles sont en prison, dit Papy, c'est bien triste !
Alors, après un peu d'hésitation, les enfants ôtent le couvercle et laissent leurs sauterelles retrouver la liberté du pré.

22 Les champignons

Papy s'est mis en tête de cueillir des champignons. Il a découvert, dans le guide touristique, la photo et la description de deux champignons de la région, le bolet et la chanterelle, qui sont excellents, et qu'il est certain de reconnaître. Le voici donc parti en forêt, les enfants sur les talons. Il y a des champignons magnifiques ! Rouge brillant ou orange à pois blancs. Mais Papy affirme qu'ils sont vénéneux, et même dangereux à toucher. L'œil vif et la main leste, il cueille rapidement un plein panier de bolets et de chanterelles, qu'il demande à Mamie de cuire pour le repas. Mais Mamie, méfiante, va demander conseil à la voisine. Et c'est heureux car, dans le panier, la voisine trouve trois chanterelles, deux bolets, et... vingt-quatre champignons totalement non comestibles.

L'écureuil 23

Très vexé de son aventure de la veille, Papy a refusé d'ouvrir à nouveau le guide touristique, qu'il accuse d'être la cause de son erreur. Donc, pas d'excursion aujourd'hui. Papy boude, installé dans le jardin, à l'ombre d'un grand sapin. Tout à coup, aïe ! il se frotte le crâne, sur lequel vient d'atterrir une petite pomme de pin. Il déplace un peu son fauteuil mais, aïe ! en voici une autre. Les enfants jouent à la pétanque et Mamie est dans le chalet. Donc, ce doit être le vent qui détache les pommes de l'arbre. Aïe ! c'est une grosse, cette fois. Furieux, Papy se lève d'un bond. Aïe ! encore une ! Inspectant le sapin, Papy découvre enfin le coupable : un petit écureuil noir, qui arrache des pommes de pin, mange les morceaux qui lui plaisent, et lâche le reste, sans se préoccuper de la tête de Papy.

24 La mer de Glace

Aujourd'hui, on va à Chamonix voir le Mont Blanc et la mer de Glace. Pour arriver près du glacier, on prend un petit train à crémaillère, qui grimpe si fort que Mamie frissonne de peur. Ensuite, on descend sur le glacier par une télécabine, qui descend si fort que Julie frissonne de peur. Puis on va à pied jusqu'à la grotte de glace, taillée dans le glacier. Là, c'est partout de la glace, d'une jolie couleur bleu-vert, dans laquelle on a sculpté des pièces et des meubles : il y a un salon, une salle de bains, une chambre et une cuisine. C'est très beau. Et si froid que Papy et David frissonnent... de froid.

Les saint-bernard 25

Aujourd'hui, on monte au col du Grand-Saint-Bernard, qui abrite, tout en haut, l'hospice où les moines accueillent les marcheurs, qu'ils vont parfois secourir l'hiver en montagne avec leurs grands chiens : les saint-bernard. Les chiens portent au cou un petit tonnelet d'alcool, qui permet aux égarés de se réchauffer. Aujourd'hui, les chiens sont dans le chenil, où on peut les voir, mais derrière des barreaux, ce qui est bien décevant.

– Où est Julie ? demande soudain Mamie. Julie ! Julie !

Pas de réponse, et pas de Julie. David décide de monter voir un peu plus haut dans la montagne.

– Elle est ici ! crie-t-il enfin.

– Que fais-tu là ? Tu nous as fait peur ! Tu ne dois pas t'éloigner seule ! gronde Papy.

– Je voulais être perdue, dit Julie, pour qu'un saint-bernard vienne me sauver !

26 Le tonneau

Jonathan, le petit garçon des amis de Papy, a une chouette idée : descendre dans un grand tonneau la pente devant son chalet. Il s'y introduit et se roule en boule, bien serré. Julie pousse en haut, David récupère en bas. C'est très gai, mais, ouille ! la tête prend tous les chocs. On va arranger ça, avec un casque de moto. Voilà, c'est mieux ! À David, maintenant. Mais David est trop grand pour le tonneau et Julie préfère aller rouler en trottinette. Alors, c'est Jonathan qui roule et roule. C'est très gai, mais hou là là ! la tête lui tourne, tourne...

Les petits hommes verts 27

Aujourd'hui, on va nager à Géronde-Plage : un joli lac aux berges herbeuses, où sont plantés de grands saules pleureurs. Julie enfile des flotteurs, pour plus de sécurité, et Papy recommande aux enfants de rester près de lui, car l'eau est profonde. Et un peu froide, brrr ! Nageons vite, pour nous réchauffer !

– Regarde, Papy, il y a plein de canards, là-bas, dit David. Si on allait les voir de plus près ?

Mais les canards sont bien loin. Tant pis, on a bien nagé, et Julie a froid. Il vaut mieux sortir de l'eau.

– Mamie, tu as vu comme nous avons bien nagé ?

Mais Mamie les regarde avec des yeux ronds : ils sont tout verts !

– Je comprends, dit Papy, ce doit être à cause des chatons des saules pleureurs. Ils sont tombées dans l'eau et se sont décomposés en petits filaments qui s'accrochent à nous. Ce n'est pas grave !

Les chevreuils

28

Papy, l'œil rivé à la fenêtre, regarde fixement le bas de la montagne.
– Je vois bouger des points bruns, dit-il, ce doit être des animaux.
Il court chercher les jumelles et reprend son observation. Ce sont des chevreuils.
David regarde à son tour, puis Julie, qui s'énerve car elle ne les voit pas.
Là, à gauche, près des sapins, dit Papy.
– Tu regardes trop haut, baisse les jumelles, conseille David.
– Je ne les vois pas ! pleure Julie.
– Pourquoi t'énerver ainsi ? demande Mamie. Il y en a quatre qui sont si proches que je les vois très bien à l'œil nu !

Les alpinistes

29

– Nous allons bientôt partir et nous n'avons pas escaladé de montagnes, se plaint David.

– Vous êtes trop petits et moi trop vieux, répond Papy. C'est impossible.
– Non, nous ne sommes pas trop petits ! se fâche Julie.
– Eh bien, allez-y ! dit Mamie, avec un clin d'œil à Papy. Mettez vos bottines pendant que je vous prépare les sacs à dos avec un pique-nique.
Et nos deux alpinistes se mettent en route, pleins d'ardeur.
Une heure plus tard, ils sont de retour, traînant la jambe.
– Plus nous avançons, plus la montagne paraît loin ! se plaint Julie.
– Et en plus, le ciel se couvre, ajoute David. Il vaut mieux y aller un autre jour.

Les foins

30

Les amis de Papy élèvent des moutons qui, l'été, paissent dans des pâturages au pied de la montagne. Mais l'hiver, ils ont besoin de foin pour se nourrir. Aussi faut-il faucher l'herbe des prés et l'entreposer dans les remises à foin, qu'on appelle ici des raccards. Papy et les enfants ont décidé d'aller aider leurs amis. Olivier a fauché toute la soirée d'hier et il faut à présent râteler l'herbe pour la mettre en ballots sans rien en perdre. Armés de grands râteaux, tous s'attellent au travail. Puis le tracteur passe sur les lignes d'herbe pour faire les ballots, qui sont chargés dans la remorque à l'aide de grandes fourches. Voilà, le chariot est plein. Les enfants, tout heureux, sont juchés sur l'énorme tas d'herbe, tout en haut de la remorque ; et en route pour le raccard ! Ce soir, c'est certain, ils dormiront bien !

Les bagages et les adieux

31

Aujourd'hui, c'est le départ pour la Provence. Papy peste sur les bagages à ranger. Ce sac est bien lourd : on dirait qu'il est plein de pierres. C'est bien ça ! Il est bourré de cailloux.

– Oh ! Papy, ils sont si beaux. Laisse-nous les emporter, supplient les enfants.

Tandis que Papy accepte en grommelant, les amis viennent dire au revoir et, après les adieux, on se met en route.

– Il est déjà bien tard, remarque Mamie.

Heureusement, grâce à notre maison sur roues, nous pourrons nous arrêter pour la nuit dès que nous serons trop fatigués.

Août

1 Les retrouvailles

Après une bonne nuit, en route pour la dernière partie du trajet ! Les enfants sont très énervés car ils vont bientôt retrouver Papa, Maman, Youpi et Plouf. Et puis leurs amis, Victor et son chien Baron, Thomas, Martin et la petite Lucile.

– Plus vite, Papy, on se traîne ! proteste David.

– Il y a un camion devant, bougonne Papy.

– Eh bien, dépasse-le ! conseille Julie.

– Dites donc, les deux infernaux, c'est moi le chauffeur, dit Papy, alors laissez-moi faire.

– C'est bien malheureux, dit David, avec moi, on irait beaucoup plus vite !

Enfin, on arrive : voici l'Isle-sur-Sorgue, puis, dans les collines, le vallon Saint-Antoine, où tout le monde les attend. Qu'ils sont bons, les bisous des retrouvailles !

2 Victor et Baron

Victor, les enfants le connaissent depuis toujours, car la famille vient en vacances chez lui chaque année. Ils l'adorent car il aime beaucoup blaguer avec eux. Quand ils font les sots, Victor fait semblant de les gronder et leur dit, avec l'accent provençal : « Fais pas l'âne ! » ou : « Attention, ça va tomber ! ».

Aujourd'hui, c'est lui qui a préparé le petit-déjeuner. Et il a acheté tant de choses qu'on ne pourra jamais tout manger ! Sauf si Baron, son grand chien noir, est autorisé à finir les plats. Baron, c'est un sacré gourmand ! Et Julie a eu tort d'abandonner son croissant sur le muret : le voilà qui l'attrape, l'avale en deux bouchées et regarde bien vite si plus rien ne traîne à sa portée.

3 Drôle de piscine !

Au vallon, il y a un ancien lavoir, si grand qu'il sert à présent de piscine. Victor l'a bien nettoyé pour l'arrivée des enfants. Alors, vite, vite, préparons les maillots, les serviettes, les matelas pneumatiques, les gourdes et des biscuits. Chargés comme des baudets, David et Julie courent au bassin.

Chouette, voici Papa ! Comme il n'aime pas beaucoup l'eau, il s'y plonge juste un peu, tout doucement. C'est pour ça que c'est tellement amusant de l'éclabousser.

– Arrêtez, arrêtez ! crie-t-il, si vous continuez, je m'en vais !

Mais voici Papy qui s'en mêle ; il vient à la rescousse de Papa et les éclabousseurs, devenus les éclaboussés, s'enfuient en riant.

4

Les copains

Tôt le matin, on entend des rires sous les fenêtres. C'est Thomas et Martin, arrivés à vélo de leur maison sur la colline, qui viennent chercher David pour une balade. Vite, vite, David se prépare tandis que Maman glisse un pique-nique dans son sac à dos. Et voici les trois copains partis à l'aventure, suivis de Baron et Youpi. Ils descendent vers le ruisseau, au fond du vallon et s'installent au bord de l'eau pour manger. Ensuite, ils construisent un petit bateau en bois, qu'ils lancent sur l'eau et suivent en courant au bord du ruisseau.

– Non, Baron, ne l'arrête pas ! Laisse-le aller, c'est un bateau, ça ne se mange pas !

Trop tard, le bateau est fichu et Baron sort de l'eau, en s'ébrouant près des garçons. Trempés mais riants, les copains prennent le chemin du retour en se promettant de revenir bientôt.

Attention, ça va tomber !

5

Quoi de plus amusant, lorsqu'il fait chaud, que de jouer avec des fusils à eau ! David et Julie en ont emporté quatre dans leurs bagages, pour en donner un à Martin et un à Thomas. Les voici qui s'arrosent à qui mieux mieux. Mais il serait bien plus amusant encore d'arroser les adultes. Et hop ! un petit coup pour Papy, qui fait la sieste sous le micocoulier... et s'éveille en sursaut, pas trop content ! Et hop ! un petit coup pour Papa qui lit son journal... et n'aime pas beaucoup qu'on vienne ainsi le mouiller. Et hop ! un petit coup pour Victor, qui sort tranquillement de sa cuisine... et s'écrie : « Attention, ça va tomber ! » Mais Victor a beau agiter la main en faisant mine de les fesser, les enfants voient bien qu'il rit et ils l'arrosent de plus belle !

6 Les aigles de Beaucaire

Au château de Beaucaire, se donne un spectacle avec des rapaces. Sur fond musical, les dresseurs, en costumes médiévaux, font voler leurs oiseaux au milieu des spectateurs. C'est vraiment fantastique ! Un faucon vient se percher sur la tête de Maman. Un grand vautour marche sur les jambes des enfants, qu'un dresseur a fait asseoir par terre, au milieu de la piste. Tous les oiseaux obéissent au moindre coup de sifflet, sauf une buse variable, qui décrit des cercles au-dessus du château, refusant de redescendre se poser sur le poing de son dresseur. Longtemps après le spectacle, elle tourne toujours.

– Envole-toi ! crient les enfants. Tu es faite pour la liberté, pas pour une cage !

Et, comme si elle avait entendu, la buse monte plus haut encore, petit point à peine perceptible dans le bleu du ciel.

Jeux de filles 7

Voici Lili, la maman de Thomas et de Martin, avec sa petite Lucile.

– Julie ! Julie ! j'ai apporté mes brosses et mes pinces à cheveux pour jouer à la coiffeuse.

Aïe, Lucile tire sur les cheveux de Julie mais, pour faire plaisir à sa petite amie, Julie se laisse faire sans rouspéter. Enfin, Lucile se lasse et veut s'amuser à la dînette. Papy et Mamie seront les clients du restaurant. Heureusement, les deux fillettes leur donnent le droit de faire semblant de manger, puis de jeter leurs mixtures bizarres.

– Papy, tu viens jouer à la pétanque ? demande David.

– Laisse-le, dit Thomas, tu vois bien qu'il préfère les jeux de filles !

8

Au pont du Gard

Le pont du Gard est un magnifique aqueduc, construit il y a plus de deux mille ans par les Romains, pour amener l'eau d'Uzès à Nîmes. L'endroit est magnifique et grandiose. Papy, son guide à la main, ne tarit pas d'informations à son sujet. Mais les enfants sont bien plus intéressés par la rivière qui coule en dessous, le Gardon, où on peut se baigner. Julie décide de faire un barrage de galets, comme en Suisse. David préfère nager avec Maman. Papa se trempe le bout des pieds, puis s'étend au soleil. Mamie lit, sous un grand chapeau. Quant à Youpi, tout à fait sans gêne, elle se promène parmi les touristes qui pique-niquent au bord de l'eau, quémandant à l'un du fromage, à l'autre du saucisson. Quelle belle journée !

9

Fais pas l'âne !

Victor adore les fleurs. Devant sa maison, tout autour de la grande terrasse, il plante chaque année géraniums, pétunias et bégonias dans une multitude de pots. Le soir, il raccorde son grand tuyau d'arrosage et donne à boire à ses fleurs. Tiens, que se passe-t-il ? L'eau ne coule plus... Victor, étonné, vérifie si le robinet est bien ouvert. Soudain, il entend le rire de David, qui, un pied sur le tuyau, empêche l'eau de s'écouler.

– David, fais pas l'âne ! dit Victor.

David enlève son pied et propose d'arroser à la place de Victor. Mais, que se passe-t-il ? L'eau ne coule plus... Victor a mis son pied sur le tuyau !

– Victor, fais pas l'âne ! s'écrie David en riant.

10

Les bories

Dans le Lubéron, près de Gordes, se trouve le village des bories. Les bories sont de curieuses maisons construites en pierres sèches, assemblées sans mortier ni eau. Certaines étaient encore habitées au XVIIIe siècle. Elles sont pour la plupart petites et très simples. Les enfants, ravis, les trouvent parfaitement à leur taille. Ils courent de l'une à l'autre, escaladant murets et escaliers, sous l'œil inquiet de Mamie. Papa et Victor lisent consciencieusement tous les panneaux explicatifs, Maman prend des photos, et Papy, lunettes sur le nez, lit à qui veut bien l'écouter, les précieuses informations de son inséparable guide.

11

Fontaine-de-Vaucluse

Lorsqu'on vient en Provence, il ne faut surtout pas rater la visite de Fontaine-de-Vaucluse. Une bien jolie promenade mène de la place du village à une grotte d'où sort la Sorgue.

Au printemps, la rivière jaillit du gouffre en gros bouillons tumultueux. En été, le spectacle est moins grandiose, mais la Sorgue, aux eaux vertes et limpides, est superbe sous le soleil.

Les enfants aimeraient y plonger car il fait très chaud. Papa refuse, car c'est trop dangereux, à cause des courants et des algues. Pour les consoler, Mamie leur achète de petits moulins à vent dans l'un des magasins qui bordent la promenade, et Victor, pour qu'ils aient quand même leur eau verte, leur propose d'aller boire une menthe à l'eau.

12 La nuit des étoiles

Les astronomes ont annoncé pour cette nuit une pluie d'étoiles filantes. C'est vers deux heures du matin qu'on en verra le plus. Les enfants ont tant supplié que Papa et Maman ont accepté de les éveiller en pleine nuit pour les observer. Victor a installé des chaises longues sur sa terrasse. Mamie a préparé des couvertures, et Papa, les jumelles. Tout est prêt. Maman va éveiller les petits et tout le monde s'installe pour le spectacle.

– J'en ai vu une ! s'écrie Julie.

– Fais un vœu, lui dit Papy. Il se réalisera si tu le gardes secret.

– Alors, c'est fichu ! proclame David. Tout le monde sait que Julie est trop bavarde pour garder un secret !

13 La soupe au pistou

La nièce de Victor, Christine, et son ami Bernard ont invité la famille à déguster la soupe au pistou, célèbre recette provençale. Bernard a passé la journée à la préparer. Christine, elle, a passé sa journée à sculpter une énorme boule d'argile. Lorsque ses invités arrivent, elle a encore les mains et sa jupe pleines de terre. Les enfants admirent la sculpture et ne demanderaient pas mieux que d'aider l'artiste.

– Christine, va donc plutôt te laver les mains, dit Victor.

Mais Christine a mieux à faire : arranger dans un vase les fleurs que Maman a apportées.

– Christine, elle est comme ça ! C'est une artiste, dit Bernard. C'est pour ça qu'elle s'entend bien avec les enfants.

Quant à Bernard, c'est un fameux cuisinier ! Il s'entend drôlement bien avec la soupe au pistou, et tout le monde se régale.

14 Une chouette balançoire

David et Julie vont jouer chez leurs copains. Les garçons jouent au ballon et, pour être tranquilles, envoient les filles à la balançoire. Mais la balançoire est inutilisable : les cordes sont toutes pourries. Patrick, leur papa, vient d'avoir une superbe idée, il va remplacer les cordes par de gros élastiques. Ainsi, les enfants pourront se balancer d'avant en arrière et de haut en bas. Sensations fortes assurées ! Chacun à son tour essaie cette balançoire qui rebondit dans tous les sens. Et quels soupirs quand il faut céder sa place au suivant !

L'orage 15

La soirée est magnifique et le repas, pris dehors, se prolonge bien tard, pour la plus grande joie des enfants. Papy et Mamie, fatigués, décident d'aller se coucher. Victor propose de leur faire une blague. Il va faire jouer bien fort, sur sa chaîne hi-fi portable, un disque où on entend un gros orage. Le tonnerre se déchaîne et la pluie crépite, sans aucune réaction des grands-parents. David et Julie décident de corser la chose en lançant des éclairs avec des lampes de poche. Toujours rien. Alors, Victor emploie les grands moyens : il empoigne son tuyau d'arrosage et envoie le jet sur les vitres de la chambre des dormeurs. Enfin, les tentures s'entrouvrent, et les têtes inquiètes de Papy et Mamie apparaissent à la lueur des lampes, sous les rires des blagueurs enfin récompensés de leurs efforts.

16 Glace surprise

Pour le dessert, Maman a promis de la glace. Il y en a pour tous les goûts et Maman sert à chacun les parfums de son choix. Papy ne veut que de la vanille.
– Au moins, c'est absolument naturel, dit-il, on ne risque pas d'y trouver des colorants ou d'autres substances artificielles, mais seulement des petits bouts de bâtonnets de vanille.
D'ailleurs, il semble y en avoir un au fond de sa coupe. Sa cuillère plonge et ramène... un petit scorpion noir tout gelé ! Ah, pour être naturel, c'est naturel ! Papy le dépose sur une pierre au soleil et, à la surprise générale, le scorpion reprend vie en se réchauffant. Papy s'émerveille de sa résistance, tandis que les enfants, dégoûtés, jurent bien qu'ils ne mangeront plus jamais de glace à la vanille !

Sauvetage 17

Les enfants jouent au bassin. Les garçons s'amusent à sauter dans l'eau en s'éclaboussant le plus possible.
– Arrêtez ! crie soudain Julie. Il y a de drôles de petites boules noires qui flottent dans un coin.
– Ce sont des œufs de grenouille, dit Victor, on ne peut pas les laisser là. Nous allons les apporter dans le bassin qui se trouve dans le parc.

Précautionneusement, à l'aide des petites casseroles de la dînette, les enfants récupèrent les chapelets d'œufs et vont les déposer dans l'eau verte de l'autre bassin. Dans un coin, une jolie grenouille verte montre son nez entre deux feuilles de nénuphar.
– Sauvetage réussi, dit Victor, voici vos œufs en bonne compagnie ! C'est peut-être même leur maman !

18

Les dinosaures

Dans le parc de Victor, il y a trois vieux marronniers. Cet hiver, une tempête a fait tomber quatre énormes branches qui, couchées sur le sol, dressent vers le ciel des moignons tordus.

Patrick a proposé à Victor de les débiter à la hache, mais Victor hésite : il trouve qu'elles ressemblent à des dinosaures et qu'elles sont bien sympathiques ! Les enfants sont tout à fait d'accord et les voici lancés dans une chasse préhistorique. Ils se ruent à l'assaut et bientôt chacun chevauche le dinosaure qu'il a terrassé, tandis que Baron et Hélène, qui veulent aussi jouer, courent autour d'eux en aboyant tant qu'ils peuvent.

Au marché

19

Un marché de Provence, c'est fantastique ! Plein de couleurs et d'odeurs qui donnent envie de tout acheter.

– Superbes, ces tomates ! J'en prends une caisse, dit Maman.

– Il nous faut de l'ail, dit Papa.

– Et des pêches, ajoute David.

– Du raisin, demande Julie.

– N'oublions pas les oignons, les courgettes et les aubergines pour la ratatouille, complète Mamie.

Les paniers se remplissent à toute vitesse. Papa et Papy, chargés comme des baudets, décrètent que c'est assez. On ne pourra jamais manger tout ça !

– Attendez ! crie Maman, nous avons oublié les melons. Je vais en prendre une caisse. Et ce n'est pas la peine de rouspéter, je la porterai moi-même.

20 Le carrousel

À l'Isle-sur-la-Sorgue, dans un coin du grand parc, tourne un petit carrousel que les enfants adorent. On peut y monter sur des voitures de course, une auto de pompier, un minibus, un petit tank, et même des avions que les enfants peuvent faire grimper sur leur piquet d'attache en tirant sur un levier. Le plus chouette, c'est le gros pompon de laine que la dame du carrousel agite au-dessus des jeux et qui permet à l'enfant qui l'attrape de gagner un tour gratuit. David l'a déjà attrapé une fois et il encourage Julie pour qu'elle y parvienne à son tour. Youpi ! Elle l'a eu ! Les deux enfants sont repartis pour un tour. Et en plus, les tours durent longtemps. C'est bien gai pour les enfants, et les parents qui attendent n'ont plus qu'à être patients !

21 Les Peaux-Rouges

Les enfants ont demandé à retourner cette année encore dans les anciennes carrières d'ocre du Roussillon. Ils adorent cet endroit, où ils peuvent escalader les collines de sable rouge et jaune, qui brillent au soleil.

– Regardez, comme nous sommes haut ! crient-ils.

Oui, et tout le monde sait qu'il est plus facile de descendre que de monter. Pour dévaler la pente, rien n'est plus simple : glisser sur les fesses ! Or, l'ocre, c'est bien connu aussi, teinte tout en rouge indélébile. Et les petits en ont partout ! Allez, les Peaux-Rouges, il est l'heure de rentrer pour vous laver.

22

Récurage

– Les vêtements que les enfants avaient mis hier sont fichus, se lamente Mamie. J'ai beau frotter et refrotter, il n'y a pas moyen d'enlever les tâches d'ocre !

– Leurs mains et leurs jambes ne valent pas mieux, ajoute Maman. J'ai eu beau les savonner hier soir et ce matin, elles restent rouges.

– Je ne vois qu'une solution, dit Victor : l'eau de Javel et la brosse à récurer que j'emploie pour nettoyer le bassin !

– Non, au secours ! crient les enfants en s'enfuyant.

23

Les gorges du Régalon

Dans les montagnes du Lubéron, on peut suivre l'ancien cours du Régalon, une rivière aujourd'hui à sec. Un chemin permet de rejoindre son lit, où l'on se promène en passant sous les arches rocheuses spectaculaires que l'eau a creusées dans la montagne. Pour sortir des gorges, il faut escalader la paroi. Les enfants adorent ça, surtout à l'endroit où le goulot se rétrécit très fort, comme une cheminée. Mais Youpi, dont les pattes patinent sur la roche lisse, a bien du mal à s'extirper du trou. Papa et Papy la poussent en bas, tandis que David et Julie l'encouragent en haut. Ouf, la voilà sortie ! Essoufflée, elle se couche pour se reposer.

– Voyons, Youpi, pousse-toi ! crient Papy et Papa, bloqués dans le goulot.

24 On y danse, on y danse

Avignon est une ville superbe, à l'abri de ses remparts de pierre couleur crème. Les enfants sont pressés de voir son fameux pont, et de danser dessus !

– Mais ce n'est pas un vrai pont, dit David,déçu. Seulement un demi-pont !

– Eh oui, il n'en reste que la moitié, explique Papy. Il a été démoli, puis reconstruit, et à nouveau démoli... jusqu'au jour où les Avignonnais se sont résignés à le laisser ainsi, coupé en deux au milieu du Rhône.

– C'est bien triste, soupire Julie. J'espère au moins que les danseurs ne sont pas tombés dans l'eau quand le pont a cassé !

– Mais non, la rassure Papy. Venez, belle dame, allons danser !

25 La fête

Ce soir, c'est la fête ! Tout le monde est là : Thomas, Martin, Lucile et leurs parents, Christine, Bernard et leur chienne Rosalie. Victor s'occupe de l'apéritif, Papa et Papy du barbecue, Maman et Mamie du reste du repas. Les garçons jouent aux fléchettes et les filles à la coiffeuse. Youpi voudrait jouer avec Rosalie, mais Rosalie n'est pas d'accord. Baron ne quitte pas la table, se demandant qui lui donnera des chips. On mange, on rit, on chante, on est si bien que l'on voudrait que ça dure toute la vie. Soudain, une lueur apparaît derrière la colline. C'est la lune, dont la grosse boule claire monte dans le ciel.

– Les enfants, il est l'heure d'aller dormir !

– Oh non, pas déjà ! s'exclament-ils en chœur. C'est de la faute de la lune, si elle était restée dans son lit, nous n'aurions pas à aller dans le nôtre !

26 À Marseille

Victor propose une visite de Marseille, qu'il connaît bien. On commence par une promenade dans le vieux port, puis, à midi, on mange dans un petit restaurant sur la plage. Le repas à peine englouti, les enfants se précipitent vers la Méditerranée.

Après la baignade, Victor emmène ses amis vers l'église Notre-Dame-de-la-Garde, qui domine la ville.

– Regardez la statue dorée de la Vierge au sommet, montre-t-il aux enfants. C'est la « bonne Mère » des Marseillais.

– Comme elle est belle ! admire David.

– Oui, dit Julie, mais elle est perchée bien trop haut ! Ce n'est pas pratique pour les Marseillais quand ils veulent lui faire un bisou !

Catherine 27

La rivière du vallon naît au fond du bois, d'une source appelée Catherine. Mais où est donc passée Catherine ?

David, qui a voulu aller la voir, revient en courant.

– Catherine est à sec ! annonce-t-il.

Et pourtant, la rivière coule toujours.

– Il n'a pas plu depuis plusieurs mois, et Catherine s'est asséchée, explique Victor. Mais la rivière sort de terre un peu plus loin, par une autre source. Viens, je vais te montrer.

Et les voilà partis vers le bois, Baron courant devant eux. Les sources, ça le connaît ! Bientôt, on entend un grand « plouf ! », suivi d'aboiements joyeux.

– Voici la nouvelle source, dit Victor. Tu vois, il suffisait de demander à Baron !

28

Dans la jungle

Les enfants proposent une promenade au fond du vallon. Là, la végétation est si dense qu'on a parfois du mal à se frayer un chemin. Les enfants adorent cette promenade, où il faut passer sous des arbres penchés presque à l'horizontale, escalader des troncs abattus et passer à gué la rivière.

– C'est presque la jungle, dit David, il nous faudrait des machettes !

– Oh, oui ! s'écrie Julie, si on disait qu'on était des explorateurs ? Viens, on va se chercher un gros bâton pour avancer dans les herbes.

– Et pour se prémunir des serpents, ajoute Papa.

– Il y a des serpents ? demande Julie, qui fait un bond en arrière, affolée à cette nouvelle.

– Pas ici, pour de vrai, dit Papa en riant. Mais dans la jungle, toujours ! Alors, en avant, les explorateurs, courage !

Les santons

29

Les enfants voudraient acheter quelques santons pour leur crèche provençale et Victor les emmène chez une de ses amies, qui en fait de très jolis. C'est vrai qu'ils sont superbes ! Les enfants ne savent lesquels choisir. Pendant qu'ils réfléchissent, l'amie de Victor explique qu'elle les fabrique comme les anciens artisans, les façonnant un à un dans la terre, sans utiliser de moules. David se décide enfin pour un ange bleu, un diable rouge et une porteuse d'eau. Julie choisit un ange rose, un berger et un Roi mage, car elle n'en a que deux, alors qu'ils étaient trois. Victor insiste pour les leur offrir, comme chaque année.

Ainsi, à Noël, quand les enfants disposent leur crèche sur la cheminée, c'est un peu de la Provence et de Victor qui participe à la fête !

30 L'anniversaire de Thomas

C'est l'anniversaire de Thomas. David et Julie sont allés avec Maman lui acheter un cadeau : une voiture de course rouge. Thomas a invité plein de copains et tous s'élancent dans le jardin pour une superbe après-midi de jeux. Leurs rires s'envolent dans les collines, qui en renvoient les échos. Lili a préparé un gros gâteau pour leur goûter et dressé la table sur la terrasse. Elle attend la fin d'une gigantesque partie de cache-cache pour allumer les bougies de Thomas. Il les souffle d'un coup, un peu aidé par le mistral. « Bravo, bon anniversaire ! » Les enfants ont passé une merveilleuse journée mais, hélas, c'est la dernière des vacances. Demain, on rentre à la maison, et les copains s'embrassent, bien tristes de se séparer pour un an.

31 Les adieux

Comme le premier jour, c'est Victor qui a préparé le petit-déjeuner. Et il y en a encore beaucoup trop ! D'autant plus que personne n'a envie de manger. Tout le monde est bien triste !

– Allons ! dit Papa, il faut nous mettre en route. Nous avons un long chemin à faire.

– Tu viendras nous voir ? demandent les enfants à Victor.

– Peut-être, répond-il.

– Tu dis toujours ça, remarquent les enfants, mais tu ne viens jamais !

– Allons ! dit Papy à son tour, il faut partir à présent.

Les larmes aux yeux, on s'embrasse, et les voitures démarrent, toutes vitres ouvertes pour agiter longtemps les mains.

Septembre

1 Préparatifs

Pendant que les parents s'affairent à vider les bagages, David et Julie préparent la rentrée des classes. En Provence, ils ont acheté tout ce dont ils avaient besoin : crayons, gommes, marqueurs, plumiers, et même de nouvelles mallettes. Ils arrangent tout bien soigneusement, pleins de bonnes dispositions.

– Bravo, dit Mamie, je vous félicite !

– Pourvu que ça dure, ajoute Maman.

– Faisons-leur confiance, propose Papa.

– Cela durera sûrement bien une semaine... termine Papy.

2 La rentrée des classes

Huit heures trente. Une nuée d'enfants bronzés et en pleine forme a envahi la cour de récréation. On retrouve les copains, on s'embrasse, on rit. C'est chouette, la rentrée ! Mais la cloche sonne. Vite, en classe !

M. Calculrapide, l'instituteur de David, commence par un rappel des tables de multiplication.

– Horreur ! pense David, j'ai tout oublié pendant les vacances !

Mme Lagomme, l'institutrice de Julie, distribue des cahiers.

– Tu te rends compte, chuchote Manon, il y en a huit ! Qu'est-ce qu'on va travailler cette année...

– Eh oui ! vivement les prochaines vacances, souffle Julie.

3 Au cirque

Ce soir, on va au cirque ! Le spectacle commence avec les clowns, les préférés des enfants ! Ils se disputent, se bousculent et tombent sur les spectateurs ! L'un d'eux, affalé sur les genoux de Mamie, n'a pas l'air décidé à se relever ! Ah ! voici les trapézistes. Ils se balancent vertigineusement tout en haut du chapiteau. Chacun retient son souffle, de peur de les voir tomber. Mamie se prépare déjà à en recevoir un dans les bras ! Les fauves à présent. Comme ils sont impressionnants, vus de près ! Le dompteur est bien courageux, mais pourvu qu'il n'ouvre pas les grilles ! Ils sont suivis du prestidigitateur, qui sort des fleurs et des lapins de partout, puis coupe sa partenaire en deux et la recolle par magie. Et, pour le final, revoici les clowns, qui entraînent tous les enfants dans une ronde folle !

4 En planeur

Georges, le parrain de Julie est un passionné de vol à voile. Aujourd'hui, il a invité les enfants à un baptême de l'air sur son planeur. David part le premier, assis derrière Georges, qui le sangle et fixe son parachute. Pour prendre son vol, le planeur doit être remorqué par un avion, qui le lâche lorsqu'il a suffisamment d'altitude et qu'il a trouvé un bon courant. Ensuite, eh bien... il plane, pique, prend de la vitesse, plane à nouveau. Il se pose enfin et David s'écrie que « c'était super ! ».

– Il a crié tout le temps, remarque Georges en riant. Je croyais que c'était de peur !

C'est maintenant au tour de Julie. Sangles, parachute, remorquage... Et c'est parti pour une nouvelle balade dans les nuages ! Georges trouve un bon courant et prend de la vitesse. Julie, les cheveux au vent, rit de bonheur. Comme tout est beau, de là-haut !

5 Du bois pour l'hiver

L'automne approche. Papa, prévoyant, a déjà commandé du bois. Le bûcheron en a livré six stères, qu'il va falloir ranger sous des bâches, derrière l'abri de jardin. Papa, Papy et David s'y mettent dès le matin. Pour les premières brouettes, ils sont pleins d'entrain.

Mais, après la quinzième, leur ardeur faiblit. Ils transpirent à grosses gouttes et ont mal aux bras.

– Bien ! ça diminue, les encourage Julie.

– Pensez aux belles flambées que nous ferons cet hiver, ajoute Maman.

Tout ragaillardis, les trois travailleurs se remettent à l'ouvrage pour quelques brouettes, avant de souffler à nouveau.

– Pensez donc…, commence Mamie.

– Mais oui, on sait, les belles flambées ! répond David.

– Non, dit Mamie, pensez à venir manger et à vous reposer un peu !

6 La clarinette

Cette année, après un an de solfège, Julie va commencer à jouer de la clarinette. Elle est allée en louer une avec Maman, et elle la montre, toute fière, au reste de la famille.

– Joue-nous donc quelques notes, propose Papa.

Mais Julie a beau souffler, s'époumoner, l'instrument ne produit aucun son.

– Elle ne va pas, constate-t-elle, il faut l'échanger.

– Dis plutôt que tu ne sais pas t'en servir, ricane David.

Furieuse, Julie s'apprête à l'assommer d'un coup de clarinette.

– Holà ! doucement, c'est fragile, proteste Papa.

– Et ma tête aussi, grogne David.

Papy rassure alors sa petite-fille :

– C'est tout un art de bien souffler dans une clarinette ! Mais tu verras, tu apprendras vite comment mettre tes lèvres pour y arriver.

7

La leçon de conjugaison

– Qui peut conjuguer le verbe « croire » au présent ? demande M. Calculrapide.

– Moi ! propose David, qui se lève pour déclamer sa conjugaison.

Mais soudain, une folle idée le prend, et le voici qui entonne :

– Je croâs, dit le corbeau. Tu croâs, dit le corbeau. Il...

– David ! cesse de faire le pitre, se fâche l'instituteur, tandis que toute la classe rit aux éclats. Pour ta punition, tu me copieras cinquante fois : « Je ne dois pas faire le clown en classe ». Cela t'apprendra à être plus sérieux !

David baisse la tête sans répondre. Il sait qu'il a bien mérité la punition. Mais il s'est bien amusé !

8

À la foire

Une foire s'est installée dans la ville voisine. Papy et Mamie y emmènent les enfants. Julie ne s'intéresse qu'à la pêche aux canards, où l'on peut gagner des cadeaux merveilleux ! La voici vite pourvue d'un set de maquillage. Pendant qu'elle pêche, David tire à la carabine. Après quelques essais ratés, il atteint régulièrement la cible et gagne une jolie casquette. Le sport, ça creuse !

Et les croustillons sentent si bon que chacun se laisse tenter. Mamie propose un tour en carrousel et une pomme d'amour. Papy propose de visiter le train fantôme et offre une tournée de beignets. Holà ! Il se fait tard. Encore un bâton de nougat pour la route et on rentre à la maison. « Le repas est prêt, annonce Maman. Vous devez avoir faim ! »

Eh bien non ! Le croiriez-vous ? Ils n'ont pas faim du tout !

9 Le vilain petit canard

Au cours de gymnastique, Mme Culbute organise un concours de saut en longueur. Julie n'a pas très envie de se fatiguer et se sent plutôt d'humeur taquine. Aussi, chaque fois que le professeur a le dos tourné, elle imite le cri du canard. Cela fait rire tous ses copains et Julie s'enhardit de plus en plus. Mme Culbute ne dit rien, fait celle qui n'a rien remarqué, mais elle essaie de découvrir le coupable. Et la voilà qui se retourne d'un bond au beau milieu d'un « Coin ! Coin ! » retentissant.

– Ah ! voici donc notre vilain petit canard ! s'écrie-t-elle. Et bien, Julie, puisque tu cancanes comme les canards, marche donc aussi comme eux ! En avant, petite coquine, fais-nous trois tours de salle !

10 Le repassage

Mamie repasse et Julie, pour l'imiter, a pris sa petite planche, son petit fer et ses robes de poupée. Mais son fer à elle ne chauffe pas. Ce n'est vraiment pas amusant !

Le téléphone sonne. Mamie va répondre. Vite, Julie s'empare du fer électrique et l'appuie bien fort sur la petite robe de poupée, d'où se dégage une épouvantable odeur de brûlé. Effrayée, Julie repousse le fer, qui tombe bruyamment. Mamie accourt, constate les dégâts, débranche son fer et le ramasse. Heureusement, Julie ne s'est pas brûlée. Mais elle a eu bien peur !

– Je ne le ferai plus, promet-elle en pleurant.

– Bah ! dit David, philosophe. Tu trouveras bien une autre bêtise...

Canular téléphonique 11

David et Nicolas ont eu l'idée d'un nouveau jeu : faire des blagues par téléphone. Ils choisissent un numéro au hasard dans l'annuaire.

– Allô! monsieur Poireau ? ne quittez pas, je vous passe monsieur Haricot, dit Nicolas, qui éclate de rire et raccroche.

– À mon tour, propose David.

Mais, juste à ce moment, le téléphone sonne. Il décroche et s'exclame :

– Allô, ici le commissariat. Je vous écoute...

– Ici monsieur Calculrapide, votre instituteur, annonce son interlocuteur. Je ne pense pas être au commissariat, mais plutôt chez M. Haricot... Et je te signale que j'ai très bien reconnu ta voix et celle de Nicolas ! On verra si vous rirez autant demain en classe !

La sorcière Philomène 12

Une drôle de dame vient d'emménager dans le quartier. Elle a des cheveux rouges et est toujours attifée de grandes jupes bariolées. De sa cheminée, sortent des fumées multicolores qui sentent bon.

– C'est sûrement une sorcière ! disent les enfants, qui n'osent pas s'en approcher.

Mais Papy, toujours curieux, décide, en bon voisin, d'aller lui faire une petite visite. Il revient enchanté, décrétant que c'est une femme charmante, qui s'appelle Philomène et prépare des potions miraculeuses pour guérir les petits maux. Elle lui en a d'ailleurs préparé une pour soigner son mal de dos. Il l'essaie sans tarder et déclare qu'il se sent déjà beaucoup mieux !

– Elle l'a ensorcelé, c'est sûr, grommelle Mamie. Cette Philomène est bien une sorcière !

13

Une sorcière charmante

Ayant appris par Papy que Mamie souffrait de cors aux pieds, Philomène vient sonner à la porte et proposer une potion miracle. Mamie est d'abord très réticente. Elle n'a pas du tout envie de recevoir chez elle une femme que Papy trouve charmante ! Mais, très vite, elle aussi trouve cette sorcière bien sympathique. Et les enfants, qui se sont approchés avec précaution, l'écoutent avec étonnement raconter comment elle prépare ses potions. Elle utilise des fruits, des herbes, des poils d'animaux et des poudres aux noms mystérieux.

– Cela doit être drôlement amusant ! s'écrie Julie. Moi aussi, plus tard, je veux être une sorcière.
Toute la famille se regarde avec effarement, craignant que Philomène soit choquée. Mais elle éclate de rire et dit : « Si tu veux, je t'apprendrai. »

14

Première leçon

Après l'école, Julie se précipite chez la sorcière Philomène. Celle-ci est justement en train de préparer les ingrédients d'une potion.
– C'est simplement une teinture pour mes cheveux, explique-t-elle. Et ce n'est pas compliqué. C'est l'idéal pour une première leçon. Il suffit de prendre quelques groseilles rouges, des épluchures de pommes rouges, une queue de poisson rouge, un peu de sirop à la fraise et quelques grains de poudre de perlimpinpin. On jette le tout dans une casserole et on fait bouillir dans un litre d'eau. Ensuite, on laisse refroidir, on filtre le mélange, et voilà, c'est prêt ! Veux-tu essayer sur tes cheveux ?

– Euh... une autre fois, peut-être, répond Julie, qui imagine les rires de ses copines si elle arrivait à l'école le lendemain avec des cheveux écarlates.

15 La chute

David et Julie sont allés aider la sorcière Philomène à cueillir des herbes, qu'ils mettent à sécher au grenier. Ensuite, Philomène déclare qu'ils vont préparer une pommade pour le coiffeur, qui souffre d'un torticolis.

– Il me manque une pomme rouge, dit-elle. Je vais la cueillir sur mon vieux pommier. Pouvez-vous m'aider à porter l'échelle ?

Ils amènent l'échelle au pied de l'arbre et Philomène grimpe. Elle s'étire au maximum pour atteindre une grosse pomme située très haut.

– Attention ! crie David.

Trop tard ! Philomène a perdu l'équilibre et bascule en arrière.

Affolés, les enfants se précipitent. La pauvre sorcière se relève péniblement.

– Ce n'est rien, dit-elle, j'ai juste mal à la tête. Je vais me reposer.

Les enfants la quittent en promettant de revenir la voir le lendemain.

La sorcière a perdu la tête 16

À leur arrivée chez Philomène, les enfants sont atterrés. Ses cheveux rouges sont tout blancs et des bulles rouges sortent de sa bouche.

La pauvre sorcière explique que ses cheveux ont blanchi dans la nuit, sans doute à cause de la peur qu'elle avait eue en tombant. Pour retrouver sa belle chevelure rouge, elle a voulu préparer une potion. Mais elle n'arrivait pas à se souvenir de la recette. Alors, au hasard, elle a mélangé deux ailes de mouche, trois groseilles rouges, un peu de produit de vaisselle et elle a tout avalé ! Heureusement que Julie a appris comment faire la teinture, et elle lui rappelle qu'il ne faut pas la boire ! Pour les cheveux, le mal est bientôt réparé.

Pour les bulles, cela va sans doute passer. Mais le malheur, c'est que la sorcière a perdu la tête et oublié toutes ses recettes !

Le vieux grimoire

17

Pauvre Philomène ! Que va-t-elle devenir ? Que faire pour l'aider ?
– Dans le grenier, il y a un vieux grimoire, où ma grand-mère inscrivait les recettes de ses potions. Nous pourrons peut-être en trouver une qui me rendra la tête ! dit la sorcière.
Le grenier est plein de poussière et ressemble à un capharnaüm. Comme Philomène ne sait plus où elle a rangé le grimoire, il va falloir tout fouiller. Après quelques heures, tous trois sont aussi noirs que des ramoneurs, mais le grimoire reste introuvable.
– On ne s'en sortira jamais ! soupire David. Vous ne pouvez pas claquer des doigts ou dire une formule magique pour le retrouver ?
– Bien sûr que non, tout ça, c'est du cinéma ! Je ne suis pas une sorcière de pacotille, moi ! proteste Philomène. Mon truc, c'est les potions magiques. Et sans grimoire, plus de potion !

La recette

18

De retour chez Philomène, les enfants la trouvent occupée à faire cuire une mixture étrange dans son chaudron.
– J'ai retrouvé le grimoire ! annonce-t-elle. J'avais complètement oublié qu'il était sur ma table de nuit ! J'ai trouvé la recette qu'il me fallait et je prépare la potion. Il me manque seulement une toile d'araignée, que je dois ajouter au dernier moment. Pouvez-vous m'en trouver une ?
David et Julie ne sont pas ravis de cette mission mais, comme ils veulent absolument aider leur amie, ils surmontent leur répulsion et ramènent une immense toile du grenier.
– C'est parfait, dit Philomène. Il suffit à présent de laisser cuire doucement jusqu'à demain.

19 La guérison

La potion est prête. Elle a l'air très peu appétissante et ne sent pas très bon. Courageusement, Philomène en avale un grand verre en se pinçant le nez. Soudain, des volutes de fumée lui sortent des yeux et des oreilles, tandis que des crépitements inquiétants parcourent ses cheveux.

– C'est bon signe, dit Philomène devant l'air inquiet des enfants. La mémoire commence à me revenir. Dans quelques heures, je me souviendrai à nouveau de toutes mes recettes.

– J'en suis très heureux ! s'écrie Papy en entrant. J'ai à nouveau mal au dos et je n'ai plus de potion !

Quel film choisir ? 20

Aujourd'hui, on va au cinéma. Mais quel film va-t-on aller voir ?

– Un dessin animé, propose Julie.

– Ah non ! ça, c'est pour les bébés, proteste David. Allons voir un film de science-fiction !

– Que diriez-vous d'une belle histoire d'amour ? demande Mamie.

– Un policier, suggère Papy.

– Un film d'aventures, dit Papa.

– Ah ! bravo ! je vois que tout le monde est d'accord, dit Maman. Il n'y a donc qu'une solution. Papy, peux-tu me prêter ta casquette ? Voilà, j'écris le choix de chacun sur un petit papier, je mets tous les papiers pliés dans la casquette, et il n'y a plus qu'à tirer au sort.

– C'est moi ! s'exclame Julie.

– Non, moi ! proteste David. Toi, tu vas tricher !

– Je renonce ! soupire Maman. Nous irons la semaine prochaine, quand vous vous serez mis d'accord !

21 Au cinéma

Il a fallu vingt-quatre heures pour choisir un film, garanti aventure policière sur fond d'histoire d'amour entre deux extra-terrestres et précédé, en première partie, d'un dessin animé.
La séance est à dix-sept heures. À seize heures, tout le monde embarque dans la voiture.
À seize heures trente, on arrive en ville et on cherche une place pour se garer.
À seize heures quarante-cinq, on fonce vers le cinéma, devant lequel s'allonge une file démesurée. À dix-sept heures, Papa demande les billets et la caissière lui annonce qu'il n'y a plus de place libre pour le film qu'ils ont choisi ! Le seul pour lequel il en reste est un film d'horreur, interdit aux enfants.
– Ne soyez pas tristes, dit Papy. Moi, je connais quelque chose qui n'est pas interdit aux enfants, et qui est même conseillé en cas de déception : je vous offre une énorme glace !

22 Nouvelle séance

Le lendemain, dès seize heures, toute la famille est devant le cinéma, et Papa, triomphant, brandit les billets qu'il vient d'acheter. Comme il reste une heure à patienter, on fait provision de bonbons et de pop-corn à déguster en regardant le film. Enfin, à dix-sept heures, confortablement installés devant l'écran, on attend que le spectacle commence.
Dix-sept heures dix, rien. Dix-sept heures quinze, toujours rien.
Dix-sept heures vingt, une voix se fait entendre :

– Mesdames, mesdemoiselles, messieurs, nous sommes désolés de ne pouvoir projeter le film que vous attendez, car la bande sonore est abîmée. Nous vous proposons à la place un film comique pour tout public : « La famille pas d'chance ». Si cela ne vous convient pas, vos billet vous seront remboursés.

23 Le saxo d'oncle Léo

Julie, qui a fait des progrès, joue un petit air de clarinette.
– Tu seras bientôt une virtuose ! la félicite Papy. Tu me fais penser à l'oncle Léo, qui jouait du saxo. Il était fou de musique et ne se séparait jamais de son instrument. Il faut dire qu'il avait une femme très bavarde et, lorsqu'il en avait assez de l'entendre, il attrapait son saxo pour lui couper le sifflet. Je me souviens, un jour...

Julie regarde Papy en souriant, embouche sa clarinette et se remet à jouer.
Papy, d'abord surpris, éclate de rire et s'exclame :
– Si je comprends bien, toi aussi tu as décidé de couper le sifflet aux bavards !

L'anniversaire de Papa 24

Pour son anniversaire, Papa a invité tout le monde au restaurant. Papy se lèche les babines en étudiant le menu. Il a envie de tout manger ! Il se décide enfin et choisit du canard, Papa de l'agneau, Mamie et Maman, de la sole et les enfants, des pâtes.
– Je suis désolé, dit le serveur, nous n'avons plus de sole.
– Ne vous inquiétez pas, dit Papy, vous avez devant vous la famille Pas d'chance ! Nous sommes habitués à être privés de ce que nous voulons !
Mamie et Maman, riant de bon cœur, commandent alors du saumon.

Tous les plats sont délicieux et chacun se régale dans la bonne humeur. Le patron, ayant appris que Papa fêtait son anniversaire, offre le gâteau.

– Ma foi, dit Papy, on dirait que la chance nous revient !

25 Cela se gâte !

– Quelle journée infecte ! grogne Papa. Ce matin, en partant au travail, j'ai crevé un pneu. Un de mes clients s'est décommandé à la dernière minute et un autre m'a demandé un énorme travail urgent.
– Ne te plains pas, dit Maman, mon patron était d'une humeur massacrante !
– M. Calculrapide aussi, soupire David.
– Et moi, j'ai plein de devoirs à faire, gémit Julie.
– Je me suis coupée en épluchant les pommes de terre ! annonce Mamie.
– Dans ce cas, déclare Papy, j'ai une mauvaise nouvelle à vous annoncer : la famille Pas d'chance est de retour !

26 C'est pareil pour tout le monde !

Dans le jardin, Papy coupe quelques roses pour Mamie. Plouf, qui gambade autour de lui, marche sur une branche de rosier que Papy vient de tailler et s'enfonce une épine dans la patte. « Miaou ! miaou ! » Le pauvre chat miaule de douleur.
Papy le ramène à la maison et le tient solidement, tandis que Mamie, armée d'une pince à épiler, essaie d'extraire l'épine. Plouf gémit et se débat.
– Voyons, reste tranquille, lui conseille Papy. N'oublie pas que tu fais partie de la famille Pas d'chance ! Ici, c'est pareil pour tout le monde !

Souper de sorcière

27

Comme il fait très beau, la sorcière Philomène a invité toute la famille au dernier barbecue de l'été. Sur le feu, cuisent de bizarres morceaux de viande :

– Juste un peu de rat et des côtes de loup-garou, annonce Philomène.

Les grimaces des enfants en disent long. Ils ne sont pas près d'en manger !

– Cette salade m'a l'air très appétissante ! remarque Papy.

– De la salade ? s'étonne Philomène. Voyons ! mange-t-on de la salade chez une sorcière ? Ce sont des feuilles de gratouillette, cette prodigieuse plante qui vous fouette le sang et ne vous laisse pas l'oublier jusqu'au lendemain, tant elle vous chatouille et vous gratouille de l'intérieur. Que voulez-vous ! Manger chez une sorcière n'est pas sans risque, ni surtout sans surprise !

On va à Paris !

28

À leur retour de l'école, les enfants découvrent avec étonnement des sacs de voyage qui s'entassent au pied de l'escalier.

– Nous allons à Paris ! Nous prenons le train dans une heure, avec Loïc et ses parents, annonce Papa. Venez vite goûter avant de partir.

À Paris ! Les yeux des enfants brillent de joie. Le repas est vite expédié et on arrive à la gare bien à l'heure pour le train. On y retrouve Loïc et ses parents, et la joyeuse troupe embarque bientôt dans un superbe train.

Pendant le voyage, les enfants dressent des listes de ce qu'ils voudraient voir. D'abord, la tour Eiffel, et la Seine, Notre-Dame, le Sacré-Cœur, le Louvre...

– Allons d'abord voir notre hôtel, propose Papy. Pour ce soir, repos complet. Deux journées fatigantes nous attendent !

29

Premières découvertes

Les mains en visière sur les yeux, les enfants éblouis regardent la pointe de la tour Eiffel qui perce le ciel. Vite, montons voir la ville de là-haut ! La vue est superbe de tous les côtés et les enfants se sentent bien grands en regardant, tout en bas, les maisons et les voitures qui ressemblent à des jouets.

À midi, on mange dans un petit restaurant près de la place Pigalle, puis on grimpe à l'assaut du Sacré-Cœur, tout blanc sur sa butte.

– Pour une belle église, c'est une belle église, s'exclame Loïc.

Pour le soir, une surprise merveilleuse ravit les enfants : une promenade en bateau-mouche sur la Seine !

– Paris est une ville pour les sportifs, dit Papy. Toute la journée, nous avons marché et grimpé et, le soir, nous faisons du bateau !

Papy superstar

30

Cet après-midi, c'est la visite du musée Grévin.

– Vous adorerez ce musée, explique Mamie aux enfants. On y trouve des statues de cire d'un tas de personnages célèbres, morts ou vivants.

Et c'est vrai que les enfants sont ravis de tomber nez à nez avec leurs idoles de la chanson ou du cinéma.

– On dirait vraiment qu'ils sont vivants ! s'écrient-ils.

Papy, un peu fatigué, traîne à l'arrière et s'assied sur un banc, où il s'endort. Une dame dit à son mari :

– Tu as vu, ce personnage-là, sur le banc, je ne sais plus son nom, mais je crois qu'il est très connu.

Et David, parti à la recherche de son grand-père, lui répond en riant :

– Ce n'est pas une statue, c'est mon Papy !

Octobre

Rêveries

1

Mme Lagomme a commencé à lire un texte et demande aux élèves de poursuivre la lecture à voix haute, chacun à son tour. Julie, épuisée par le week-end à Paris, sent ses yeux se fermer, s'endort et se met à rêver. Elle se revoit en haut de la tour Eiffel. Alors qu'elle décolle pour s'envoler dans le ciel de Paris, Mme Lagomme élève la voix :

– Alors, Julie, tu dors ? C'est à toi de lire ! Julie, sortie brusquement de son rêve, et encore tout ensommeillée, murmure : « C'est merveilleux de voler... » Mme Lagomme, estomaquée, se demande si Julie se moque d'elle. Mais Julie, qui s'est enfin réveillée, lui explique son week-end, sa fatigue et son rêve, et Mme Lagomme, compréhensive, lui pardonne sa distraction.

Une punition originale

2

David, une grosse encyclopédie ouverte à côté de lui, recopie un des articles.

– Tu dois faire un devoir sur le lama ? interroge Papy, qui lit par-dessus son épaule.

– Ce n'est pas un devoir, c'est une punition, grommelle David. Xavier m'ennuyait alors que j'étais en train de boire et, comme il y allait trop fort, j'ai craché l'eau que j'avais dans la bouche. Mon instituteur m'a vu et m'a dit de lui faire un petit texte sur le lama, seul animal à sa connaissance à cracher sur les autres quand il est fâché ! Et Xavier, lui, n'a même pas été puni. C'est parfaitement injuste !

– Peut-être, mais c'est une punition originale, remarque Papy en riant. Ton instituteur ne manque pas d'humour !

La cueillette

3

Les pommes du jardin sont mûres. Il est temps de les cueillir. Julie se charge des branches basses, David, sur un tabouret, s'occupe des moyennes et Papy, sur l'échelle, s'attaque aux plus hautes. Il saisit une grosse pomme, qui lui glisse des mains et rebondit sur la tête de David.

– Ouille ! s'écrie David, tandis que la pomme continue sa chute et percute la tête de Julie.

– Aïe ! s'exclame Julie.

Les deux enfants frottent leur crâne endolori et proposent, pour le pommier suivant, d'échanger leurs places. Il est peut-être dangereux pour eux de monter sur l'échelle, mais c'est encore plus risqué d'être sous l'échelle quand Papy est dessus !

4

La tarte

Mamie a trié la récolte de pommes : celles à croquer et celles pour la compote ou la tarte.

– Si on faisait une tarte tout de suite ? propose-t-elle à Julie.

Julie est enchantée. Les doigts dans la farine, elle pétrit la pâte, puis l'étale avec le gros rouleau, tandis que Mamie épluche et découpe les pommes. Voilà ! le four est chaud, on peut enfourner la tarte. Quelle bonne odeur soudain dans la cuisine. Et quand David mord dans un beau quartier tout doré, il pardonne à Papy sa bosse sur le crâne ! Quant à Julie, elle s'est bien amusée, même si elle a dû aider Mamie à nettoyer la cuisine, qu'elle avait maculée de farine ! Il est temps maintenant qu'elle prenne un bain et se lave les cheveux. Tiens, pourquoi sont-ils tout blancs ?

5 À l'abordage !

– À l'abordage !
David, une cape sur les épaules, une épée de bois à la main et un bandeau sur l'œil, vient de bondir sur le vaisseau de Loïc.

– Arrière, flibustier ! crie Loïc. Je ne me rendrai pas sans combattre !

– Alors, tu mourras ! s'exclame David. Harold le Terrible ne laisse jamais de survivant !

Les deux cousins engagent un combat acharné, sous l'œil attentif de Papy, qui commente :

– Oui, bravo ! Beau coup ! Très bien, les enfants, très réaliste ! Tout à fait ce dont je me souviens...

David s'arrête net, brisé dans son élan, et considère Papy d'un air interloqué. Loïc en profite pour lui enfoncer son épée dans le ventre.

– Tu as rencontré des pirates ? demande David à Papy.

– Bien sûr ! dit Papy, et je les ai vaincus, comme Loïc vient de le faire avec toi !

Arrière toute ! Des pirates ! 6

– C'était en mer des Caraïbes, raconte Papy. Nous voguions bon train lorsque soudain, la vigie, du haut de son mât, s'écria : « Bateau droit devant ! Il vient sur nous. Un pavillon à tête de mort ! Des pirates ! » Le capitaine se précipita à la proue, sa longue-vue braquée sur le vaisseau. « Arrière toute ! s'écria-t-il, ce forban veut nous attaquer ! » Mais nous eûmes beau virer et faire machine arrière, ce fut peine perdue ! Le bateau des pirates était bien plus léger et plus rapide que le nôtre ! Il nous eut bientôt rejoints et, lorsqu'il fut à notre flanc, nous entendîmes leur chef crier : « Sus ! À l'abordage ! »

Une lutte terrible !

7

Les flibustiers s'élancèrent et, en quelques minutes, la bataille fit rage. Nous nous défendîmes comme de beaux diables et je réussis d'ailleurs à blesser deux de ces forbans. Mais ils étaient mieux armés que nous et bien plus aguerris au combat !

Rapidement, tous les membres de notre équipage furent tués ou faits prisonniers.

Leur chef, Conar le Cruel, lança le cri de la victoire et le signal du pillage. Les pirates se précipitèrent alors dans les soutes.

Nous transportions des noix de coco et du rhum. Ils firent main basse sur toutes les caisses d'alcool et débouchèrent sans tarder quelques bouteilles, qu'ils se mirent à boire en chantant.

8

Libres !

Le capitaine et moi étions attachés ensemble au grand mât. De son pied droit, le capitaine réussit à atteindre une dague tombée sur le pont et à la pousser près de nos mains. Avec prudence, nous commençâmes à scier nos liens.

Ce fut long et douloureux, car nous ne pouvions tenir la dague correctement, et nous nous entaillions la peau au moindre faux mouvement.

Enfin, nous parvînmes chacun à libérer une de nos mains et le reste fut un jeu d'enfant. Nous étions libres !

Que faire ?

9

Libres oui ! Mais armés d'une seule dague, à deux contre cette bande de pirates assoiffés de sang, que pouvions-nous faire ? Le capitaine, qui faisait face aux forbans, décida de rester assis contre le mât, pour donner le change. Moi, la dague entre les dents, je rampai vers mes compagnons et, après un temps qui me sembla infini, je réussis enfin à les délivrer tous. Je revins alors près de mon capitaine, pour le prévenir du succès de ma mission. Arrivé à quelques mètres de lui, je m'aperçus avec horreur que Conar le Cruel se penchait vers lui, son épée touchant déjà sa poitrine...

Papy, ce héros

10

N'écoutant que mon courage, je bondis et renversai le pirate, lui enfonçant ma dague dans le bras. Mon capitaine, tout aussi rapide, s'empara de son épée, dont il lui perça le ventre. Tout avait été si vite que les autres forbans, occupés à boire et à chanter, n'avaient rien vu ni entendu. Quoiqu'ils fussent déjà fort ivres, nous préférâmes ne pas les affronter dans un nouveau combat et attendîmes qu'ils vident leurs bouteilles et tombent endormis. Alors, nous nous jetâmes sur eux et les envoyâmes par-dessus bord ! Puis, nous reprîmes notre route en remorquant le vaisseau pirate, et nous fîmes une arrivée triomphale au port, où je fus acclamé en héros !

11 Du héros au zéro !

– Mamie, tu en as de la chance d'avoir épousé un héros, dit Julie. J'espère que je rencontrerai un garçon aussi courageux que Papy !
– Ou aussi bon conteur... répond Mamie en souriant. Papy vient de vous raconter en détail le film que nous avons vu la semaine dernière à la télévision !
– Papy ! s'exclament les deux enfants, tu t'es encore moqué de nous ! C'est honteux !
– Ce qui est encore plus honteux, c'est d'être trahi par sa propre femme, grommelle Papy. Et elle rit, en plus ! Alors qu'elle vient à vos yeux de changer un héros en zéro !

12 La revanche de Papy

Papy ne pardonne pas à Mamie de l'avoir trahi et cherche un moyen de prendre sa revanche.
Après le repas du soir, Mamie pose sur la table une magnifique tarte aux prunes, toute dorée.
– Qu'elle est belle ! s'écrie Julie.
– Qu'elle est bonne ! s'écrie David.
– Quelle merveilleuse cuisinière ! la félicite Papa.
Mamie sourit de plaisir sous cette avalanche de compliments. Papy toussote pour attirer l'attention et déclare :

– Je pense qu'il faudrait plutôt féliciter le pâtissier à qui j'ai acheté cette tarte !
– Comment oses-tu ? se fâche Mamie. J'ai fait moi-même cette tarte.
– La tienne se trouve dans le tiroir, sous la cuisinière, répond Papy avec un clin d'œil. Celle-ci, que tout le monde trouve si bonne, vient de chez le pâtissier !

13 Bouderie

– Julie, voudrais-tu dire à Papy de rentrer du bois pour le feu ? demande Mamie.

– Pourquoi ne le lui demandes-tu pas toi-même ? s'étonne Julie. Il est juste derrière toi.

– Parce que je ne parle plus à ce mufle, répond Mamie.

– David, pourrais-tu dire à Mamie qu'on la demande au téléphone ? demande Papy.

– Pourquoi ne le lui dis-tu pas toi-même ? s'étonne David. Elle est juste derrière toi.

– Parce que je ne parle plus à cette traîtresse, répond Papy.

– Ce n'est pas beau de bouder ainsi ! s'exclame Julie.

– Puisque vous êtes si bêtes, débrouillez-vous sans nous, ajoute David.

14 Réconciliation

Papy, un peu gêné de sa vilaine blague de la tarte, et très ennuyé que Mamie ne lui parle plus, cherche une idée pour se faire pardonner.

Mamie, un peu ennuyée d'avoir révélé aux enfants que Papy leur racontait des exploits imaginaires, et très embêtée qu'il ne lui parle plus, cherche une idée pour se faire pardonner.

– Eurêka ! s'écrie Papy. J'ai trouvé !

Et il sort de la maison en courant.

– Oui, c'est ça ! J'ai trouvé ! s'exclame Mamie et elle entre dans la cuisine en courant.

Bientôt, Papy est de retour avec un magnifique bouquet de fleurs. Il cherche Mamie pour le lui offrir, et la trouve occupée à lui préparer son dessert préféré. Ils tombent dans les bras l'un de l'autre en riant, au grand plaisir des enfants.

15

Invitation de sorcière

La sorcière Philomène organise une grande fête chez elle. Tout le village est invité. Une seule condition : se déguiser en sorcier, sorcière, fée ou magicien. Mamie, Maman et les enfants trouvent l'idée merveilleuse, d'autant plus que leur amie Philomène leur a proposé de prendre chez elle tous les vêtements qu'ils voulaient. Papa et Papy sont moins heureux. Papa dit qu'il refuse de se rendre ridicule et Papy refuse de quitter sa casquette de marin.
– A-t-on jamais vu un sorcier avec une casquette ? s'énerve Mamie.
– Qu'il la mette donc, sa sacrée casquette, répond Philomène en riant. Il me suffira d'un coup de baguette magique pour la transformer en chapeau pointu !

16

Préparatifs

David et Julie ont proposé leur aide pour préparer la fête. Ils garnissent la maison de guirlandes de sorcières en papier doré, posent partout des bougies parfumées et disposent les tables et les chaises. Pendant ce temps, Philomène s'affaire à la cuisine. De ses casseroles, s'échappent des fumets bien appétissants, que les narines des enfants n'arrivent pas à reconnaître.
– Je veux garder le secret le plus complet sur ce que je prépare, leur dit la sorcière. Défense de venir dans la cuisine, petits curieux ! Et croyez-moi : un ordre de sorcière, mieux vaut ne pas le prendre à la légère !

La fête

17

La fête chez une sorcière... c'est féerique ! Les invités sont si bien déguisés qu'ils ne se reconnaissent pas entre eux. Les bougies diffusent une lumière dorée et parfumée.

Les plats sont remplis de nourritures aussi mystérieuses que délicieuses, et il y a des boissons de toutes les couleurs et de toutes les saveurs. Soudain, Philomène claque des doigts et la musique jaillit de partout. Les invités s'élancent alors dans une grande farandole et Papy se dit que Philomène doit être une vraie sorcière, et qu'il a bien fait de ne pas mettre sa casquette !

Une disparition inquiétante

18

David et Julie, qui sont venus aider leur amie à nettoyer sa maison, la trouvent occupée, non à ranger, mais à mettre encore plus de désordre partout.

Elle vide les armoires et les coffres, éparpillant leur contenu sur le sol.

– Elle a disparu ! s'exclame-t-elle.

– Qui a disparu ? demande David.

– Ma potion pour rire. J'ai très peur que quelqu'un ne l'ait prise, et ne s'en serve, car elle est encore au stade expérimental. Ses effets sont beaucoup trop forts, si bien que l'on rit tellement qu'on finit par se moquer de tout et qu'on ne pense plus qu'à s'amuser. C'est une catastrophe ! Il faut absolument que je la retrouve !

19 Les dangers de la potion pour rire

Philomène n'a pas retrouvé sa potion et est très inquiète.
– Si quelqu'un s'en sert, ce sera terrible ! dit-elle.
– Pourquoi ? demande Julie. Ce serait chouette si les gens riaient tout le temps.
– Oh ! non, répond la sorcière, car ils se moqueraient de tout. Les boulangers joueraient aux billes au lieu de préparer du pain, les médecins iraient gambader dans les champs au lieu de soigner les malades, et vos instituteurs joueraient à cache-cache au lieu de vous donner cours...
– Ah ça ! dit David, ce serait formidable !
– Pour un jour, certainement. Mais, si cela se passait ainsi tout le temps, vous n'apprendriez plus rien , on ne construirait plus rien, et on finirait par vivre comme les animaux. On finirait même par brouter de l'herbe parce qu'il n'y aurait plus rien d'autre ! Etre joyeux et rire, c'est très bien, cela rend tout plus facile ; mais se moquer de tout, c'est très dangereux.

20 L'enquête commence

– Un grand travail nous attend, dit Philomène. Il faut découvrir qui a volé la potion. Nous allons commencer par la boutique du coiffeur.
Mais les clientes présentes chez M. Longciseaux, le coiffeur, se révèlent être comme d'habitude, c'est-à-dire fort peu joyeuses.

David chuchote à Philomène qu'elles auraient bien besoin de potion pour rire. Quant au coiffeur, il semble encore plus morose que ses clientes. Philomène a beau essayer de le faire rire en lui racontant ce qui est arrivé à ses cheveux après sa chute du pommier, elle ne peut en tirer que des grognements et des lamentations.
– Partons d'ici, dit-elle, aucun de ces visages tristes n'a goûté à ma potion !

À l'école

21

David et Julie décident de mener leur enquête à l'école. Mais, à force d'espionner tout le monde, ils se font traiter de vilains curieux. David écope d'une punition : conjuguer à tous les temps et à toutes les personnes « *Je ne dois pas examiner mon instituteur comme s'il était un animal bizarre* ».

– M. Calculrapide n'a sûrement pas bu de potion, se dit David, il n'est pas plus drôle que d'habitude !

Mme Lagomme non plus, car Julie, qui a fait trois énormes fautes dans ses calculs pour voir si cela amuserait son institutrice, doit recopier les tables de multiplication pour le lendemain.

Premiers signes

22

Papa et Maman ont décidé de prendre congé pour la journée. « Il fait trop beau pour travailler », chantonne Papa, qui propose aux enfants une partie de cache-cache. Tout le monde veut y participer et Mamie rit sans arrêt, répétant que cela lui rappelle son jeune temps ! Papy s'est caché sur le grand chêne et imite le coucou pour aider Maman à le trouver.

Effarés, les enfants se demandent si tout cela est bien naturel ou s'il s'agit des premiers effets de la potion pour rire. Est-ce un de leurs parents qui aurait volé le flacon ?

23

Peut-être le pain...

David et Julie racontent à Philomène le curieux comportement de leurs parents.

– Ils ne sont pas les seuls, dit la sorcière, tous les gens que j'ai rencontrés hier étaient très joyeux. J'ai bien peur que quelqu'un ait mis de la potion dans un aliment de grande consommation. Il suffirait d'une goutte pour contaminer tout le monde. Allons voir chez le boulanger.

Dans la boulangerie, règne un chahut incroyable. Les clients font la queue jusque sur le trottoir, mais sans s'énerver. Tous rient, se racontent des blagues, chantent et s'embrassent. Monsieur Paincoupé, aussi rigolard que ses clients, jongle avec ses croissants et offre à qui en veut ses petits pains au chocolat. Nos trois enquêteurs sont entraînés dans une folle farandole et s'enfuient en courant.

24

Contagion totale

Dans la boucherie de M. Pâtécrème, l'ambiance est à la fête. Ici, c'est avec les saucisses et les boudins que les clients s'amusent, en les faisant tournoyer comme un lasso au-dessus de leur tête. Partout dans les rues, ce n'est que danses, rires et chants.

Les villageois sortent tous de leurs maisons et accourent se mêler aux rondes endiablées de leurs voisins. Bizarrement, les enfants sont plus calmes que les adultes et, s'ils rient et s'amusent aussi, ils regardent pourtant leurs aînés avec étonnement.

Bientôt, toutes les rues sont envahies par une foule en liesse qui ne pense plus qu'à s'amuser.

25 Le chaos

Devant l'école, M. Calculrapide et Mme Lagomme entament une partie de saute-mouton avec M. Bonnesanté, le docteur, et Mme Petitcachet, la pharmacienne.

Mme Culbute et ses amies jouent sur les balançoires du parc.

La maman de Manon et de Nicolas joue à la marelle, et le papa de Laurent asperge tout le monde avec le fusil à eau de son fils.

Le chaos ! C'est bien le chaos prédit par la sorcière Philomène !

Les trois détectives, impuissants, contemplent le spectacle.

– Oh ! les pauvres gens ! se lamente Philomène. Et c'est moi qui suis responsable de tout cela !

26 La sorcière est touchée !

Tandis que leurs parents dansent dans les rues, David et Julie vont chez Philomène. En leur ouvrant la porte, la sorcière ramasse deux lettres glissées dans sa boîte et dit :

– Tiens ! le facteur est passé. Cela fait trois jours que je n'avais pas eu de courrier.

Et elle se met distraitement à ouvrir les enveloppes. Soudain, elle éclate de rire. Les deux enfants, pleins d'espoir, pensent qu'elle a trouvé une idée pour mettre fin à la folie du village. Mais ils sont vite détrompés.

– Ah ! ah ! ah ! s'esclaffe Philomène, que c'est gai, la fête ! Allons nous amuser avec les autres !

– Mais c'est le chaos ! s'écrient les enfants.

– Le chaos ? Quel chaos ? Ne jouez pas les rabat-joie ! Venez ! Allons danser dans les rues !

27 Seuls

– Tous les adultes sont devenus fous ! dit David. Nous sommes seuls pour régler le problème.
– Il faut trouver une solution, dit Julie, sinon nous devrons bientôt brouter de l'herbe !
David réfléchit, les sourcils froncés.
– Les lettres, dit-il. Philomène est devenue folle en ouvrant ses lettres. Tu ne crois pas que quelqu'un aurait pu les asperger avec de la potion pour rire ?
– C'est possible, répond Julie, et ça expliquerait pourquoi ce sont les adultes seulement qui deviennent fous. Les enfants ne reçoivent presque jamais de courrier.
– Il faut en parler à nos copains pour qu'ils nous aident, dit David, et trouver M. Deuxtimbres, le facteur.

Enfin de l'aide 28

Dans les rues du village, David et Julie essayent d'échapper aux danseurs fous qui veulent les entraîner. Ils aperçoivent leurs parents, qui sautent à la corde devant l'église, et la sorcière Philomène qui, juchée sur les épaules du coiffeur, crie : « Allez, hue ! dada ! » Papy et Mamie valsent dans la cour de l'école et leur font de grands signes joyeux en les voyant passer.

Non sans mal, ils parviennent à trouver une dizaine de leurs copains rassemblés derrière les arbres de l'école, en train de se demander quelle mouche a bien pu piquer leurs parents pour les rendre aussi fous. David et Julie leur racontent toute l'histoire et leur demandent de les aider. Les enfants décident de se mettre à la recherche du facteur.

29 Le facteur

Par équipes de deux, les enfants patrouillent dans le village. Enfin, Valentine et Mélissa découvrent M. Deuxtimbres, assis sur un mur, qui observe le spectacle en souriant.
Elles l'entraînent derrière l'école où les autres enfants les rejoignent bientôt.
M. Deuxtimbres ne se fait pas prier pour reconnaître que c'est bien lui qui a pris la potion pour rire. Il explique qu'il a voulu apporter de la joie aux autres, car il déteste la tristesse et adore voir les gens s'amuser. Alors, il a fabriqué un parfum dont il vaporise toutes les lettres. Julie lui demande pourquoi il n'est pas devenu fou lui aussi, alors qu'il respire ce parfum toute la journée.
– Je n'ai malheureusement aucun odorat, dit M. Deuxtimbres, les parfums n'ont aucun effet sur moi. C'est bien triste !

La fête est finie... 30

Comme le facteur a promis de ne plus utiliser la potion, les enfants, rassurés pour l'avenir, décident d'attendre que ses effets s'estompent, et de profiter de la fête tant qu'elle durera. David s'élance à la poursuite de Papy qui joue aux Indiens, tandis que Julie fait une partie de chat perché avec ses copines et Mme Lagomme, qui rit tellement qu'elle se fait toujours attraper.
Soudain, dans la soirée, la pluie se met à tomber. D'abord, les villageois ne s'en soucient pas, et continuent à jouer sous l'averse. Mais, peu à peu, les rires se font plus discrets. La pluie lave l'air et dissipe les effets de la potion. Les rondes se disloquent et les gens se regardent, tout étonnés d'être là, puis se séparent et rentrent chez eux, l'air un peu gêné.

31

Encore une fois ?

Tandis que les adultes se reposent, David et Julie vont voir Philomène pour lui raconter tout ce qui s'est passé, après qu'elle soit devenue folle. La sorcière les félicite et leur demande de lui pardonner de les avoir laissés se débrouiller seuls. Devant sa mine déconfite d'avoir été elle-même victime de ses pouvoirs, ils se mettent à rire, d'une joie bien naturelle, qui ne doit rien à la potion.
Lorsqu'ils rentrent chez eux, David confie à Julie qu'il a demandé au facteur de lui donner un peu de son parfum pour rire :
– Il pourrait nous être utile parfois, avec les instituteurs, par exemple.
– Ou même avec nos parents ! répond Julie en riant.

Novembre

La Belle au Bois dormant

1

– Mamie, qu'est-ce que c'est, un rouet ? demande Julie.
– C'est une machine qui servait autrefois à filer le coton ou le chanvre, répond Mamie. Les rouets étaient parfois munis d'un fuseau très pointu, comme dans un certain conte de fées. Et Mamie commence à raconter :

– Il était une fois une reine et un roi qui désiraient beaucoup avoir un enfant. Enfin, la reine mit au monde une petite fille. Le roi organisa une grande fête, à laquelle il convia les fées du royaume. Les fées se penchèrent sur le berceau et firent à la petite fille des dons merveilleux, comme la beauté et la gentillesse. Alors que la dernière fée allait parler, une méchante sorcière arriva, très en colère de n'avoir pas été invitée, et déclara qu'à l'âge de seize ans, la petite fille se piquerait le doigt à un fuseau et en mourrait…
Mais je parle, je parle, et vous allez être en retard à l'école ! Allez, en route !

Une piqûre fatale

2

– Est-ce que la petite fille de ton histoire est morte ? demande David à Mamie.
– Non, car la dernière fée, qui n'avait pas encore parlé, déclara qu'elle ne mourrait pas mais s'endormirait pour cent ans, et qu'un prince viendrait ensuite la réveiller. Alors le roi, pour plus de sûreté, interdit les fuseaux dans son royaume. À la veille du dix-septième anniversaire de la princesse, la vilaine sorcière, déguisée en vieille femme, apporta un fuseau dans une tour du château, où elle attira la jeune fille. Celle-ci se piqua le doigt et s'endormit aussitôt, de même que tous les habitants du palais.
Cent ans passèrent. Le Prince Charmant apprit l'existence de la Belle au Bois dormant et, avec l'aide des bonnes fées, il parvint jusqu'à elle, malgré les ronces qui entouraient le château. Il embrassa la jolie princesse, qui se réveilla.

3 Comment attirer les Princes Charmants ?

– Julie, dit Mamie, on ne se couche pas sur la table. Tiens-toi droite pour manger !
– Je suis fatiguée, gémit Julie. Je voudrais me coucher et dormir cent ans, comme la Belle au Bois dormant.
– Et tu crois sans doute que le Prince Charmant viendrait t'embrasser pour te réveiller, ricane David. Tu n'en vaux pas la peine, ma pauvre fille !
– Méchant ! s'écrie Julie. Mamie, tu entends comme il est méchant ?
– Oui, dit Mamie. S'il n'est pas plus gentil avec les filles, aucune ne voudra l'épouser.
– Ce n'est pas une fille, proteste David. C'est ma sœur !
– C'est aussi ma petite-fille, déclare Mamie, et je veux que tu sois gentil avec elle. Et toi, Julie, si tu veux trouver un Prince Charmant, tiens-toi droite à table !

4 Les Princes Charmants ont bien changé

David, déguisé en Prince Charmant, s'est armé d'une épée, et part à l'assaut du château où Julie, déguisée en princesse, fait semblant de dormir. David s'élance. À coups d'épée, il se fraie un chemin à travers les ronces. Attention ! voici la méchante fée, changée en dragon. David se démène, donne des coups d'épée en tous sens. Julie s'ennuie un peu dans son rôle de Belle endormie. Elle attend impatiemment que le Prince vienne la réveiller. Enfin, David crie victoire : il a tué le dragon ! Les ronces disparaissent par magie et le Prince Charmant peut entrer dans le château. Il s'approche de la Belle au Bois dormant, qui attend son baiser.

Il se penche et… la chatouille tant qu'il peut. Julie est furieuse et court se plaindre à Papy, qui lui promet qu'elle rencontrera un jour un Prince Charmant qui aimera mieux l'embrasser que la chatouiller.

Pêcheur de baleine

5

Mamie a acheté des truites pour le dîner et s'extasie de leur poids.

– Oui, c'est vrai, elles sont fameuses ! dit Papy. Mais ce n'est rien en comparaison d'un thon que j'ai pêché lorsque j'étais mousse. Il était si gros qu'il tendait à casser le fil de ma canne et que je n'arrivais pas à le sortir de l'eau. Si gros qu'il a failli remorquer le bateau. Si gros qu'on aurait dit une baleine !

– Tu ne crois pas que tu exagères ? demande Mamie.

– À peine ! dit Papy. Juste un petit peu, pour le plaisir...

Quatre cannibales et un blagueur

6

– Papy, regarde ! David m'a mordue, c'est un cannibale !

– Si c'était un cannibale, il aurait mangé le bout de ton doigt au lieu de se contenter de le mordre. Comme de vrais cannibales m'ont fait au pied : regarde !

– Tu as vraiment rencontré des cannibales ? s'exclame David, effaré.

– Oui, en Côte-d'Ivoire, au cours d'une escale. Ils m'ont enlevé pour me manger. Ils étaient quatre, tous grands et forts ! Mais je me suis battu comme un beau diable et j'ai réussi à leur échapper. Ils n'ont pu manger que le bout de mon petit doigt de pied !

– Tu n exagères pas encore un peu ? demande Julie.

– Peut-être, dit Papy. Va savoir !

7 Les mirabelles et les miradors

Il pleut toujours ! Et la météo promet ce temps de canard pour toute la semaine.

– Venez, les enfants ! Allons au grenier, propose Papy. Je vous invite à une visite sous le soleil d'Arabie. Et voilà, annonce-t-il en ouvrant un grand coffre : vous avez sous les yeux les cadeaux que m'ont offerts l'Émir Tille, l'Émir Abel, l'Émir Age et l'Émir Ador.

– Moi, j'aime les mirabelles, c'est bon ! dit Julie.

– Moi, je préfère les miradors, dit David, pour jouer au soldat.

– Je vous parle d'« émirs », rectifie Papy. Un émir est un roi en Arabie, petits ignares !

– C'est quoi un « zignare » ? demande Julie.

– Mon Dieu ! mais il faut tout vous apprendre, gémit Papy.

– C'est bien normal, dit David, nous sommes des enfants, nous, et pas des papys !

8 Découvreur de pétrole

– L'Émir Tille était très ennuyé, raconte Papy. Il avait moins de pétrole que son voisin, l'Émir Eille, et voulait trouver de nouveaux gisements. Je séjournais alors dans son pays et un de mes amis, par plaisanterie, lui a fait croire que j'avais un don mystérieux pour en découvrir. L'Émir m'a promis une belle récompense si je réussissais et une grosse colère si j'échouais. Ne sachant pas du tout comment m'y prendre, j'ai tenté le coup avec une baguette de sourcier. Après dix minutes, j'ai trébuché sur une pierre, la baguette s'est inclinée vers le sol, et l'Émir a tout de suite fait creuser à cet endroit. Par chance, et par hasard, il y avait là du pétrole. Pour me remercier, l'Émir m'a fait don de dix barils de sa production chaque année. Voici les papiers qui le prouvent. Mais hélas ! après six mois, le puits était à sec, et je n'ai jamais eu de pétrole !

9

Le miroir de l'Émir Abel

L'Émir Abel, qui régnait sur un état voisin, a entendu parler de moi et m'a fait appeler. J'avais peur qu'il ne me fasse recommencer le coup du pétrole et que cela ne marche plus. Mais ce n'était pas du tout ça. Son problème était que sa fille louchait si fort que tous ses sujets riaient d'elle en cachette. L'Émir refusait qu'elle soit opérée. Il voulait une autre solution. Par bonheur, je l'ai trouvée : j'ai acheté une très jolie paire de lunettes dont les verres, à l'extérieur, étaient des miroirs. Ainsi, chacun se voyait dans les yeux de la princesse, et la trouvait belle. Pour me remercier, l'Émir Abel m'a offert ce très beau miroir. Mais Mamie a voulu le cacher au grenier, pour éviter qu'il ne me fasse rêver à la princesse !

10

Le cheval de l'Émir Age

Ma réputation s'étendait en Arabie et l'Émir Age m'a fait appeler à son tour. Il avait un cheval magnifique, qui était subitement devenu très agressif. Tous les vétérinaires qu'il avait consultés avaient été incapables de le soigner et surtout d'en trouver la raison. Eh bien, moi, j'ai compris tout de suite ! L'Émir avait fait cadeau de ce cheval à sa femme, qui se gavait de loukoums à longueur de journée et était si grosse que le pauvre cheval ne pouvait la porter sans avoir très mal au dos. Je l'ai fait comprendre adroitement à l'Émir, qui m'a offert en remerciement ce croissant d'argent. Mais sa femme, furieuse, m'a fait chasser du palais !

11

L'Émir Ador a disparu

– Heureusement, dit Papy, très vite j'ai été invité au palais de l'Émir Ador, où tout le monde était dans l'angoisse car l'Émir avait disparu depuis quatre jours et que les policiers lancés à sa recherche n'arrivaient pas à retrouver sa trace. Là, j'ai eu beaucoup de chance : j'ai entendu par hasard une conversation entre deux mitrons du palais et j'ai ainsi appris que l'Émir était dans son palais, mais déguisé en palefrenier ! Il était amoureux de la fille du cuisinier et voulait qu'elle tombe amoureuse de lui sans savoir qu'il était l'Émir ! Tous les domestiques étaient au courant mais aucun ne voulait trahir son maître, que j'ai bêtement trouvé à l'écurie. Je lui ai encore laissé deux jours avant de le démasquer et, en reconnaissance, il m'a offert cette selle incrustée d'argent.

Le mariage de l'Émir Ador 12

– Est-ce que la fille du cuisinier est tombée amoureuse de l'Émir Ador ? demande Julie.

– Non, dit Papy, elle ne faisait pas du tout attention à lui lorsqu'il était déguisé en palefrenier. Mais lorsqu'il s'est ensuite présenté à elle dans ses vêtements royaux, elle a essayé de lui faire croire qu'elle avait été trop timide pour répondre à sa cour, mais qu'elle l'aimait de tout son cœur. L'Émir ne l'a pas crue, et il a eu bien raison ! Pour lui faire oublier cette aventure, son oncle a fait venir des danseuses et il est tombé amoureux de l'une d'elles. Il est allé la revoir le lendemain, déguisé en marchand. Elle n'a pas reconnu l'Émir... et elle est tombée amoureuse du prétendu marchand. Alors, il l'a épousée.

– Il devait avoir une fameuse malle de déguisements, cet Émir, dit Julie avec envie.

13 Les quilles

Papy a retrouvé au grenier un vieux jeu de quilles. Mamie les a bien astiquées et elles sont comme neuves. Aujourd'hui, inauguration du bowling familial.

Julie tire la première : elle manque partir avec la grosse boule, trop lourde pour elle, et une seule quille tombe. C'est au tour de David : quatre quilles renversées ! Papy s'élance, envoie la boule bien droit et abat tout le jeu !

– Ce n'est pas juste, dit David, tu es trop fort ! Tu vas gagner tout le temps ! Tiens, sers-toi donc d'une balle de tennis, ainsi nous serons à égalité !

14 Drôles de fruits

– Si on jouait encore à inventer des pays ? propose Julie. Le mien s'appelle Végétanimalia, parce que les arbres qui s'y trouvent portent des fruits en forme d'animaux.

Le chatier, par exemple, porte des fruits blancs, noirs, gris ou tigrés, tout doux, en forme de petit chat. Et le crocodilier porte de longs fruits verts et durs en forme de crocodile.

– Est-ce qu'il y a aussi des julianiers, avec des fruits piquants en forme de petite fille ? demande David.

– Oui ! et des davidiers, dont personne ne veut manger les fruits, car ils rendent complètement fou ! rétorque Julie.

15 Multicolora

À Multicolora vivent des hommes de toutes les couleurs, explique Papy : roses, mauves, verts ou même bariolés. Et ils peuvent en changer au gré de leur fantaisie. Il y a, un peu partout dans le pays, des petits lacs d'eau colorée, et il suffit aux Mulicolorés de s'y plonger pour passer d'une teinte à l'autre.

– Comment font-ils pour se reconnaître, s'ils changent tout le temps ? demande Julie.

– La couleur ne modifie pas les traits du visage, répond Papy. Bleu ou orangé, un homme reste le même. C'est bien pour cela que la couleur de peau des hommes n'a pas d'importance !

16 Robota

– Mon pays s'appelle Robota, dit David. Il est habité par des robots qui se reproduisent comme des êtres vivants. Parfois, le ventre de l'un d'eux s'ouvre, comme une porte coulissante, et un bébé robot en sort. Les hôpitaux ressemblent à des ateliers d'électronique et les médecins sont toujours équipés d'une grande boîte à outils. Les robots communiquent par des signaux lumineux, grâce à des lampes clignotantes qu'ils ont sur le corps et dont la couleur change d'après leur humeur. Et cela les oblige à dire toujours la vérité parce que, s'ils mentent, les lampes deviennent toutes rouges.

– Je suis bien contente de ne pas avoir des lampes comme ça ! dit Julie.

– Tu n'en as pas besoin, ricane David. Toi, quand tu ne dis pas la vérité, c'est ta figure qui devient toute rouge !

17 Papy au Far West

– J'aurais aimé être un Indien, dit David. Cela devait être fabuleux de vivre comme eux !

– C'était surtout très dur, dit Papy. Crois-moi, j'en ai fait l'expérience !

– Toi, tu vas encore nous raconter des blagues ! s'écrie David. Tu n'as pas pu vivre chez les Indiens !

– J'ai vécu trois mois avec les Apaches, affirme Papy. Nous avions accosté en Amérique du Nord et, suite à une avarie importante survenue en heurtant un iceberg, notre bateau a dû rester très longtemps en réparation. J'ai donc décidé de visiter le Far West et j'ai eu la chance de rencontrer une des dernières tribus d'apaches.

– Est-ce que tu as eu un nom d'Indien ? demande Julie.

– Oui, dit fièrement Papy, ils m'avaient appelé Cœur Courageux.

18 Ventre Affamé

– Regardez ! dit Papy. Dans un des coffres du grenier, j'ai retrouvé une flèche et des mocassins que j'avais ramenés en souvenir. Cette flèche est identique à celle que j'ai tirée pour abattre le bison qui a sauvé la tribu de la famine. En effet, lorsque je suis arrivé chez les Apaches, leur réserve de nourriture était épuisée et il était urgent de trouver de la viande fraîche. Quelques hommes de la tribu sont donc partis à la recherche d'un troupeau de bisons et je les ai accompagnés. Nous avons chevauché deux jours avant d'en découvrir un. Lorsque nous l'avons enfin aperçu, nous étions à moitié affamés car nous n'avions pu nous nourrir que de baies et de petits rongeurs.

– Si je comprends bien, dit David, avant de t'appeler Cœur Courageux, tu t'appelais Ventre Affamé !

19 La chasse

– Si vous continuez à vous moquer de moi, je ne vous raconte pas la fin de l'histoire, prévient Papy.

– Nous t'écoutons, promet Julie. Aujourd'hui, nous serons des Bouches Cousues !

– Hum ! Je n'en suis pas si sûr, grommelle Papy. Enfin, essayons toujours. Donc, nous avons fini par rencontrer un troupeau de bisons. Comme nous étions peu nombreux, nous devions parvenir à isoler un animal plutôt faible que nous pourrions plus facilement attraper. Il nous fallait rester silencieux et avancer contre le vent pour que les bisons ne s'aperçoivent pas de notre présence. Par malheur, j'ai soudain été pris d'une violente envie d'éternuer, que je n'ai pu réfréner. J'ai éternué bruyamment, attirant l'attention du troupeau.

– Après Ventre Affamé, c'était Nez Tonnant ! s'écrie David, en éclatant de rire.

– Je vous avais prévenus, gronde Papy. Vous ne connaîtrez pas la fin de l'histoire !

20 Cœur Courageux

– Papy, s'il te plaît, raconte la fin, demande Julie en l'embrassant sur la joue droite.

– Je te promets de ne plus dire un mot, ajoute David, en l'embrassant sur la joue gauche.

– D'accord ! dit Papy. Mais c'est votre dernière chance. Donc, j'ai éternué si fort qu'on aurait dit un coup de tonnerre. Le troupeau s'est éloigné rapidement, sauf un jeune mâle qui s'est mis à courir vers nous en soufflant. Sans réfléchir, je me suis élancé, mon arc bandé de toutes mes forces, et j'ai tiré. Par chance plus que par adresse, je le reconnais, ma flèche l'a atteint entre les deux yeux. Il s'est effondré et les Apaches l'ont achevé. Nous l'avons dépecé et ramené à la tribu, où j'ai été fêté pour mon audace, et baptisé Cœur Courageux. Voilà toute l'histoire. Je vous félicite de m'avoir enfin écouté en silence.

– Hugh ! dit David. Longue Langue a bien parlé !

21 Mamie n'aime pas les squaws

– Qu'as-tu encore fait chez les Apaches ? demande Julie à Papy.
– J'ai failli me marier, répond Papy. Avec une jolie squaw aux longs cheveux brillants et au doux nom d'Alopé. Mais elle était la fille de Tête Rouge, un des plus rudes guerriers de la tribu, qui n'aimait pas les visages pâles.

Alopé me trouvait à son goût et le montrait un peu trop au gré de son père, qui rougissait de colère dès qu'elle s'approchait de moi. Elle me plaisait bien, la petite Alopé, mais pas assez pour risquer d'affronter la colère de son père. Alors...
– Alors je n'aime pas beaucoup ces souvenirs d'épouses possibles que tu as rencontrées aux quatre coins de la Terre, grogne Mamie. Tu ferais mieux de raconter d'autres aventures si tu ne veux pas que ma tête devienne toute rouge !

22 La danse de la pluie

– Pour ne pas déchaîner la jalousie de votre Mamie, je vais vous raconter une histoire sans squaw et sans danger, annonce Papy. Je vais vous montrer la danse de la pluie que m'a apprise Eau Pure, le faiseur de pluie de la tribu. Venez, mettez-vous debout derrière moi et imitez mes gestes et mes pas. Attention ! pied droit en avant, buste penché, main gauche levée ; nous commençons.

Danser la vraie danse apache de la pluie, voilà qui ravit les enfants. Ils s'amusent comme des fous !

Soudain, la porte s'ouvre à la volée et Papa s'engouffre dans le salon.
– Quel temps de chien ! grogne-t-il en s'ébrouant. Lorsque j'ai quitté le bureau il y a une demi-heure, le ciel était bleu et, tout à coup, une pluie violente s'est mise à tomber. Je suis trempé !

Plus long que prévu

23

Papy s'apprête à sortir.
– Attends, dit Mamie, un bouton de ta veste est tombé. Je vais le recoudre tout de suite.
– Tu le feras plus tard, répond Papy, je suis pressé.
– Tu ne vas pas sortir ainsi ! proteste Mamie. D'ailleurs, j'en ai juste pour deux minutes. Donne-moi donc ma boîte de couture, qui est dans le buffet.
– Je ne la trouve pas, constate Papy. J'ai vidé toute l'armoire et je t'assure qu'elle n'y est pas. Cela fait déjà cinq minutes que je cherche. Je vais être en retard !
– Oh ! elle est ici, à la cuisine, s'exclame Mamie. J'avais oublié de la ranger.
– Donne-moi donc ta veste !
– Je répète que je suis en retard, grogne Papy.
– Cela ira très vite, le rassure Mamie, ...si je retrouve mes lunettes !

24

Bonne idée

– J'en ai assez de nettoyer, soupire Mamie. Il pleut sans cesse et le jardin est tout boueux. Chaque fois que Plouf et Youpi rentrent, je dois relaver les sols !

– On pourrait leur mettre des bottes, dit Julie.
– Il n'en existe malheureusement pas pour les animaux, répond Mamie.
– Ce n'est rien, je vais en fabriquer des petites à leur taille, propose Julie.
– Tu n'arriveras pas à les faire tenir, remarque Mamie.
– Je mettrai de la ficelle pour les attacher bien serrées autour de leurs pattes ! Laisse-moi faire, tu verras, ce sera très bien et tu ne devras plus nettoyer. C'est une bonne idée, non ? Je vais m'y mettre tout de suite. On les essaiera demain.

Pas si facile !

25

Julie a fabriqué huit petites bottes. La semelle est en caoutchouc et la jambe, en plastique. Elle a cousu le tout avec de la grosse ficelle et elle est très fière du résultat.

– Tu penses vraiment que ça va tenir ? demande Mamie, sceptique. Et puis, c'est plein de trous, cela n'empêchera pas Plouf et Youpi de se salir.

Julie ne se laisse pas décourager, elle attrape chien et chat et s'acharne à leur mettre les bottes. Ce n'est pas si simple, car ils n'ont aucune envie de se laisser faire. Enfin, les voici chaussés tous les deux. Ils sont si comiques que Mamie éclate de rire.

– Tu devrais les laisser s'y habituer peu à peu dans la maison, conseille-t-elle. Regarde, ils essaient de les enlever. Demain, ils y seront peut-être habitués.

Pas très pratique !

26

Julie, toujours aussi déterminée, enfile à nouveaux les bottes à Plouf et Youpi, puis les entraîne au jardin. Plouf essaie de grimper à un arbre, glisse à cause du caoutchouc et s'énerve sur les bottes, qu'il finit par arracher, bien heureux d'en être débarrassé. Les pattes de Youpi s'enfoncent dans la boue, où les bottes restent collées. Youpi retire ses pattes ; les bottes, ne tenant plus que par une ficelle autour de ses pattes, traînent dans la boue. Julie, dépitée, poursuit l'un et l'autre pour les rechausser, mais sans succès.

– Je suis désolée ! dit-elle à Mamie. J'ai fait tout ce que j'ai pu mais ils refusent de coopérer. Il faudra bien que tu continues à nettoyer !

27 C'était pour rendre service

– Je ne trouve pas mes bottes, dit Papy. Elles étaient pourtant au garage, j'en suis certain. Est-ce que quelqu'un les aurait prises ?

– Je crois deviner, dit Mamie. Demande donc à Julie.

– Il me fallait du caoutchouc pour fabriquer celles de Plouf et de Youpi, alors j'ai un peu découpé les tiennes, avoue Julie, pas très fière. Attends, je vais te les chercher.

En voyant ses bottes en charpie, Papy n'est pas content du tout !

– Tu mérites une punition, dit-il à Julie.

– C'était pour rendre service à Mamie, proteste Julie. Je regrette d'avoir abîmé tes bottes, mais ne te tracasse pas, j'ai encore du plastique et de la ficelle. Je vais les réparer !

28 Le parapluie de Tante Betty

Comme il pleut toujours, et que Mamie nettoie toujours, Papy emmène les enfants se distraire au grenier. David ouvre un vieux coffre poussiéreux et en extrait un parapluie, tout aussi poussiéreux, et complètement déglingué.

– Ah, bravo ! voilà qui nous change les idées ! Pourquoi avoir conservé une chose aussi affreuse ? demande-t-il.

– Le parapluie de Tante Betty ! Je l'avais tout à fait oublié ! s'exclame Papy. Votre Tante Betty était une femme très organisée. Elle transportait en tout temps un énorme sac bourré de tous les objets qui pouvaient lui être utiles : des épingles, des bocaux, des clous, des pinces et surtout, un parapluie. Ce parapluie lui servait autant pour la pluie que pour le soleil. Et il constituait une arme redoutable ! Si vous aviez le malheur de déplaire à Tante Betty, mieux valait déguerpir en vitesse, sous peine de prendre sur la tête un grand coup de parapluie !

29

Le lasso d'oncle Théo

– Tiens, un bout de corde, là dans ce coffre, dit Julie.
– Ce n'est pas une corde, rectifie David. C'est un lasso. À qui appartenait-il, Papy ?
– C'était le lasso d'oncle Théo, répond Papy. Oncle Théo était un aventurier. C'est de lui que je dois tenir mon goût des voyages. Il avait vécu, lui aussi, parmi les Indiens et en avait conservé un goût immodéré de l'usage du lasso. Lorsqu'il avait besoin de quelque chose, il ne prenait pas la peine de se déplacer : d'un coup de lasso, il attrapait l'objet en question et le tirait à lui. Il était prodigieux d'adresse et ne ratait jamais son coup ! Même sa femme, il l'a attrapée au lasso !

30

Le gourdin de cousin Lucien

– C'est quoi, ce gros bout de bois ? demande Julie.
– On dirait une matraque, dit David.
– Plus exactement, il s'agit d'un gourdin, explique Papy. C'était le gourdin de cousin Lucien. On évite de parler de lui dans la famille, car il a mal tourné. Il a commencé par être policier et à courir après les voleurs. Mais un jour, il s'est dit qu'il aurait peut-être plus d'avantages à être voleur lui-même, et il s'est mis à dépouiller les braves gens, les attendant au détour d'un sentier et les menaçant de son gourdin. Cela n'a pas duré longtemps ! Ses anciens collègues de la police l'ont vite attrapé et il s'est retrouvé en prison. Heureusement, il en a profité pour réfléchir et se dire que voler était un péché. Mais malgré tout, la famille ne lui a jamais pardonné !

Décembre

1 Drôle de maladie

– Je ne me sens pas bien, dit David. J'ai mal à la gorge et je suis tout chaud.
– Tu n'as pas de fièvre, dit Maman. Mais il est peut-être préférable que tu n'ailles pas à l'école. Je vais appeler le docteur.

David reste donc bien au chaud sous la couette, et lit « 365 histoires ».
Le docteur arrive et Papy l'accompagne dans la chambre du malade. Le médecin est perplexe : la gorge de David n'est pas rouge et tout semble normal.
– Il couve sans doute quelque chose, dit-il. Je reviendrai demain, s'il ne va pas mieux.
Au retour de l'école, Julie raconte sa journée et remarque :
– David a de la chance d'être malade, M. Calculrapide a fait une interrogation de calcul si difficile que tous les élèves l'ont ratée.
– Voici donc une drôle de maladie qui s'explique ! s'écrie Papy. La maladie du calcul !

2 La lettre

– Une lettre pour toi, Papy ! annonce David. Elle vient d'Espagne.
Papy ouvre précipitamment la lettre et s'écrie :
– Elle est de Carlos, mon vieux copain ! On a fait les quatre cents coups ensemble ! Il y a bien longtemps que je n'avais pas eu de ses nouvelles... Voyons, que raconte-t-il ? Oh ! c'est formidable ! Il m'annonce son arrivée pour le 3 décembre !

– Le 3 décembre ? mais c'est demain, dit Mamie. La lettre a dû prendre du retard.
– Les postiers espagnols faisaient sans doute la sieste, constate Papy en riant. Pour les Espagnols, la sieste est sacrée !
Il arrive demain à la gare, par le train de 14 heures. J'irai le chercher, bien sûr ! Je me réjouis de le revoir et de vous le présenter. Vous verrez, il est formidable ! On se ressemble beaucoup tous les deux !

3 Carlos

À 13h45, Papy et les enfants sont sur le quai et attendent impatiemment l'arrivée du train.

– Tu es sûr que tu vas le reconnaître, ton ami ? demande Julie.

– Absolument, répond Papy. Il y a vingt ans que je ne l'ai vu mais je le reconnaîtrais n'importe où !

Le train arrive et les voyageurs descendent.

– Il est là-bas ! s'exclame Papy, le bras tendu. C'est le monsieur avec une grosse valise et une casquette.

Et Papy se précipite vers son ami, qui court à sa rencontre, lâche sa valise et le serre dans ses bras. Ensuite, Carlos se tourne vers les enfants et s'écrie :

– Et voici sans doute tes deux petits monstres !

– C'est agréable ! souffle Julie tout bas, tandis que Carlos éclate de rire et dit :

– Ne vous inquiétez pas, j'adore blaguer !

– Un Papy bis, ça promet ! souffle à son tour David.

Les cousins 4

Carlos s'est installé pour quelques jours à la maison. Papy et lui n'en finissent pas de se rappeler leurs souvenirs et de rire.

– Je parie, dit Carlos, que votre Papy ne vous a jamais raconté comment nous nous sommes rencontrés. C'était lors d'une escale de son bateau à Cadix. Depuis plusieurs jours, je venais chaque matin sur les quais, dans l'espoir d'être engagé sur un navire. J'ai abordé votre Papy et lui ai demandé de me présenter à son capitaine, en disant que j'étais son cousin espagnol. Le capitaine l'a cru et, comme il avait besoin d'un mousse, il a accepté de me prendre. Nous nous sommes inventés des grands-parents et toute une famille complètement loufoque en commun. Sur le bateau, tout le monde nous appelait les « cousins zinzin ».

– À mon avis, dit David, vous n'avez pas changé !

5

De sacrés grands-parents !

– Tu te souviens, demande Papy à Carlos, des grands-parents que nous nous étions inventés ?
– Bien sûr ! répond Carlos en riant. Nous avions raconté que grand-mère était française et grand-père espagnol, et qu'ils se produisaient au cirque, dans un numéro de lanceur de couteaux ! Nous avions même dit qu'un jour, grand-père avait coupé le bout de l'oreille de grand-mère en la frôlant de trop près et que, très en colère, elle s'était ensuite enfuie à cheval.
– Et qu'il l'avait poursuivie à dos de girafe ! ajoute Papy.

6

Et de sacrées mamans !

– Nous avions dit que nos mamans étaient sœurs jumelles, raconte Carlos. Qu'elles étaient nées au cirque, que l'une était devenue contorsionniste et l'autre, dresseuse de fauves.

– La mienne était la dresseuse, explique Papy. Je racontais qu'elle avait un jour vu, parmi le public, un homme qui lui plaisait tant qu'elle s'était arrangée pour le faire entrer dans la cage aux fauves. Elle lui avait dit qu'elle ne le délivrerait que s'il acceptait de l'épouser ! Ce qu'il a fait, d'ailleurs !
– La mienne était la contorsionniste, dit Carlos. Elle aussi a rencontré son mari au cirque, où il était trapéziste.
Je racontais que, le jour de leur mariage, elle s'était tellement emmêlé les bras et les jambes qu'on avait mis deux heures à la démêler !

7

On se reverra bientôt !

Lorsque Carlos annonce son départ pour le lendemain, toute la famille est désolée, même Mamie.

– Reste encore un peu ! supplie David.

– Ainsi donc, le Papy bis n'était pas vraiment une mauvaise surprise ? demande Carlos.

– Oh ! non. C'est formidable d'avoir deux Papy zinzin ! s'écrie Julie.

– J'ai trouvé que les petits monstres étaient bien sympathiques aussi, dit Carlos. Je serais très content de vous revoir tous. Que diriez-vous de venir passer Noël en Espagne ? Vous feriez connaissance avec mes petits monstres à moi.

La proposition est bien tentante et les enfants sautent déjà de joie. Eh bien, c'est dit ! On ira voir comment on fête Noël en Catalogne.

8

Bon voyage !

Tout le monde est venu accompagner Carlos au départ du train.

– Je vous ai préparé des sandwichs au crabe pour le voyage, dit Mamie.

– Et nous vous avons fait un dessin en souvenir, déclarent les enfants en tendant à Carlos une feuille de papier roulée et nouée par un cordon. Mais il ne faut le regarder que dans le train.

On s'embrasse, en se disant : « À bientôt, en Espagne ! »

Carlos monte dans le train, on agite les mouchoirs. C'est le départ. Carlos s'installe, déroule son dessin et découvre un cochon tout mignon et très rigolo qui lui tire la langue ! « Bon voyage ! » est-il écrit sous le dessin…

– Sacrés petits monstres ! s'exclame Carlos en riant. Attendez de venir me voir. Moi aussi, je sais très bien dessiner !

Attention, Julie ! 9

Dans la cour de récréation, Julie et ses amies jouent à sauter sur un trampoline. Les garçons jouent au football et, régulièrement, le ballon atterrit au milieu des filles, qui s'énervent. Revoici le ballon ! Julie s'en empare, court jusqu'à la haie qui borde la cour et le lance dans le pré qui est derrière l'école. Furieux, les garçons la poursuivent et menacent de l'envoyer rejoindre le ballon s'ils l'attrapent. Heureusement, la cloche sonne. La récréation est finie. Julie se précipite dans les rangs, l'air sage comme une image, mais les joues rouges et les cheveux en désordre. Ouf ! Elle l'a échappé belle ! Mais elle a intérêt à éviter les garçons à la prochaine récréation !

10 Bredouilles

La première neige de l'hiver est tombée cette nuit. David et son cousin Aurélien jouent aux trappeurs dans le jardin.

– Là ! un ours ! Attrapons-le ! s'écrie Aurélien.

L'ours en question, c'est Youpi, qui s'enfuit à toutes pattes. Glissant et trébuchant, les deux garçons se lancent à sa poursuite. Mais elle est beaucoup plus rapide qu'eux, et experte en volte-face d'une rapidité incroyable.

– Maudit soit cet ours ! dit David. Nous avons pourtant bien besoin de sa peau et de sa viande pour affronter l'hiver !

Voici que Plouf apparaît, marchant précautionneusement dans la neige.

– Là ! un lynx, dit Aurélien. Attrapons-le !

Mais Plouf est aussi rapide que Youpi et s'échappe à son tour. Les deux cousins rentrent bredouilles et affamés. Heureusement, Mamie a encore quelques réserves de nourriture. Ils ne mourront pas de faim aujourd'hui !

11 La pêche miraculeuse

– Aujourd'hui, dit Julie, pendant que vous irez chasser, Clémentine et moi, nous irons à la pêche.

– À la pêche, en hiver ? Vous êtes folles ! s'écrie David.

– Laisse-les, dit Aurélien, ce sont des filles, elles disent n'importe quoi. La chasse et la pêche, c'est un boulot d'hommes !

Mais, lorsque les cousins rentrent bredouilles une fois encore, ils trouvent Julie et Clémentine à la cuisine, devant deux gros poissons que Mamie s'apprête à cuire.

– Où les avez-vous trouvés ? demande Aurélien.

– Nous les avons pêchés dans le ruisseau, au fond du village, répond Julie.

– Et avec quelles cannes à pêche ? demande encore Aurélien.

– À mains nues, bien sûr, dit Clémentine, nous sommes de vraies chasseuses !

– Ne te fatigue pas, fait David, je reconnais le papier qui emballe les poissons, il vient de chez M. Goujon, le poissonnier !

Vivement le 15 ! 12

Carlos a envoyé une longue lettre, dans laquelle il dit que toute sa famille se réjouit de les recevoir. Ils pourront loger tout le monde, à condition que les enfants dorment sur des matelas pneumatiques dans la chambre de leurs parents. David et Julie sont enchantés et si impatients qu'ils voudraient partir tout de suite.

– Nous partirons le 15, annonce Papa. Et, comme le voyage est assez long, nous avons eu une idée qui devrait vous faire plaisir : nous prendrons l'avion.

Pour une bonne idée, c'est une bonne idée ! Les enfants n'ont jamais pris l'avion et sautent de joie en entamant une danse à travers la maison, scandant à chaque pas : « Nous allons en Espagne - en Espagne - en avion ! »

– Vivement le 15 ! soupire Papy. Nous en avons pour trois jours à les entendre nous casser les oreilles !

13 Premiers préparatifs

– Nous avons déjà préparé nos bagages, annoncent les enfants, qui traînent deux énormes sacs derrière eux.
– Qu'est-ce que vous avez mis là-dedans ? interroge Maman, ahurie. En avion, le poids des bagages est limité. Vous ne pouvez pas emporter tout ça !
– Ce sont les après-ski qui prennent beaucoup de place, explique David.
– Et aussi les gros pulls, les grosses vestes, les moufles... continue Julie.
– Vous n'en aurez pas besoin : l'hiver est doux en Catalogne, explique Papy.
Les enfants retournent dans leur chambre et en reviennent, après une demi-heure, un petit sac négligemment pendu à l'épaule.
– Cette fois, cela me semble très peu ! remarque Maman.
– Ben, puisqu'il fait doux en Catalogne, nous avons juste pris nos maillots et un short, dit David.
– Ainsi, ce ne sera pas trop lourd pour l'avion, ajoute Julie.

14 Inquiétudes

– Je suis inquiet pour Youpi et Plouf, dit David. Est-ce qu'ils vont pouvoir venir avec nous ?
– Non, ce n'est pas possible, répond Mamie. Mais ne te tracasse pas, tout est arrangé pour eux. Philomène s'en occupera.
– Et moi, je suis inquiète pour le Père Noël, dit Julie. Comment saura-t-il où nous trouver ? Carlos explique dans sa lettre qu'en Espagne, il passe plus tard, au moment de la fête des Rois. Mais alors, nous serons déjà repartis. Et, le jour de Noël, s'il vient ici, il trouvera la maison vide et ne déposera peut-être pas les cadeaux. Comment allons-nous faire ?

– Tu pourrais lui écrire, suggère Papy, et lui donner l'adresse de Carlos.
– Oh oui ! C'est une bonne idée, s'exclame Julie, soulagée. Mais il vaut peut-être mieux que je demande un tout petit cadeau parce que, s'il vient en Espagne par avion, il ne pourra pas en apporter un gros !

Espagne, nous voici !

15

Le voyage est sensationnel. Les enfants adorent l'avion et trouvent le vol trop court. Mais ce regret fait vite place à la joie lorsqu'ils aperçoivent Carlos, qui est venu les chercher à l'aéroport. On charge les bagages dans sa voiture et on se met en route pour sa masia (c'est une ancienne ferme), située au flanc des montagnes de Montserrat. Carlos, qui est veuf, y vit avec son fils, sa belle-fille et ses petits-enfants. Son petit-fils s'appelle Jordi, et sa petite-fille, Montserrat.

– Comme la montagne, remarque Julie.

– Et comme la vierge de Montserrat, patronne de la Catalogne, ajoute Carlos. Sa statue se trouve dans un monastère, près de notre ferme. Les Catalans l'aiment tant que, depuis des siècles, ils font brûler des bougies à ses pieds, si bien qu'elle a le visage et les mains noirs, comme d'ailleurs l'enfant qu'elle porte dans ses bras.

Un beau sapin pour Noël

16

Carlos propose qu'avant de quitter Barcelone, on aille au marché de Santa Lucia, acheter un sapin et des décorations de Noël.

– En Espagne, il est interdit de couper un sapin dans les bois, explique-t-il. Et les seuls sapins qu'on peut acheter viennent des montagnes du nord de la Catalogne.

Le marché de Santa Lucia, qui se tient près de la cathédrale, est magnifique et très animé.

Il y a tant de sapins qu'on dirait une forêt ! Les enfants les examinent soigneusement pour en choisir un beau, bien grand, bien droit et bien fourni.

– Nous le garnirons avec Jordi et Montserrat, dit Carlos. Je suis sûr qu'il sera superbe !

17 La masia

Avec le beau sapin sur le toit de la voiture, on arrive enfin à la masia de Carlos. Jordi, Montserrat et leurs parents sortent pour les accueillir. Les enfants font connaissance, essayant de communiquer par gestes puisqu'ils ne parlent pas la même langue. Cela ne les empêchera pas de s'amuser ensemble, c'est certain ! Et, en cas de besoin, Carlos servira d'interprète. C'est d'ailleurs lui qui fait visiter la maison, expliquant que la masia était autrefois une maison de paysan, où vivaient - avec la famille - les poules, les lapins, les porcs et les vaches.

– Celle-ci a été modernisée et possède maintenant toutes les commodités nécessaires, dit Carlos. Vous n'y trouverez plus ni porc ni vache.

– C'est bien dommage, regrette Julie. J'aurais beaucoup aimé ça !

18 Le Tio

Durant le repas, Carlos explique à ses invités comment se fête Noël en Catalogne. Il existe une très vieille tradition tout à fait particulière : le Tio. Il faut prendre un vieux tronc d'arbre vide, le couvrir avec une couverture, pour qu'il reste au chaud près de la cheminée, et lui donner à manger du 1er au 24 décembre. Chaque matin, par le bas de la couverture, les enfants offrent au Tio du pain, des fruits et des friandises pour qu'il engraisse. La nuit du 24, le Tio est très gros. Alors, avec toute la famille rassemblée, chaque enfant le frappe avec un gros bâton, au rythme d'une chanson par laquelle il lui demande de lui offrir des bonbons et des jouets. Jordi et Montserrat apprennent à leurs nouveaux amis les paroles de la chanson catalane pour demander au Tio « du nougat, des poupées pour les petites filles et des marionnettes pour les petits garçons ».

19 La Messe du Coq

– Le Tio est tout spécialement pour les enfants, dit Carlos. Pour les adultes, la tradition catalane est d'assister à la Messe du Coq.

– Quel drôle de nom pour une messe ! dit David.

– Elle s'appelle ainsi parce qu'elle commence le 24 décembre à minuit, heure de la naissance de Jésus, et que, jadis, les célébrations et les processions se poursuivaient jusqu'au petit-déjeuner, au chant du Coq. Beaucoup de Catalans ne respectent plus la tradition et, comme chez vous, font un réveillon le soir du 24 décembre. Mais, personnellement, je reste très attaché à ces anciennes coutumes de Noël.

Répétition 20

– En Catalogne, le grand repas de Noël se célèbre le 25 décembre à midi, explique Carlos. Après le dessert, toute la famille se réunit autour de la crèche et du sapin pour chanter. Nous allons vous apprendre quelques chants catalans, ainsi vous pourrez nous accompagner.

Jordi et Montserrat rient de bon cœur en entendant leurs amis écorcher les mots inconnus. Mais, après quelques répétitions, David et Julie parviennent à s'en tirer pas trop mal.

– Nous pourrions aussi vous apprendre quelques-uns de nos chants de Noël, propose Julie.

– Excellente idée, dit David. À nous de rire, maintenant !

Les petits Catalans, à leur tour, s'appliquent pour la leçon, et s'en sortent tout aussi bien.

– Nous les chanterons tous les ans, en souvenir de vous, dit Jordi.

21 Le repas du Tio

Il ne reste plus que quelques jours pour faire grossir le Tio. Les quatre enfants lui offrent de la nourriture par le bas de la couverture, comme Carlos l'a montré.

– Tiens ! Tio, des biscuits pour toi, lui dit Montserrat. J'espère que tu les aimeras et que tu me feras de jolis cadeaux.

– Le Tio a l'air affamé, ce matin, remarque Papy.

– Ne t'en fais pas, nous avons encore des fruits à lui offrir, répond David. Il paraît qu'il adore les bananes.

– Moi aussi, dit Papy. Et personne ne m'en propose !

22 Mon beau sapin

Il est temps de décorer le sapin, et de disposer la crèche. Les enfants, qui attendaient ce moment avec impatience, s'en occupent avec l'aide des grands-parents. Les filles se chargent de la crèche.

Aux personnages catalans viennent se joindre les santons provençaux de David et Julie, emmenés dans leurs bagages. Les garçons accrochent les décorations au sapin.

– Il faut faire très attention, en posant l'étoile à la pointe, de ne pas faire tomber l'arbre, recommande Carlos.

– Tu dis ça chaque année, remarque Jordi. Tu nous prends toujours pour des bébés !

– Tous les papys sont ainsi, ajoute David. Ce n'est pas seulement une tradition catalane !

23 Au marché

C'est le moment de faire les achats pour le repas de Noël au marché de la Boqueria, le plus grand de Barcelone. Il se tient sur le boulevard des Fleurs, qui part du centre de la ville pour aboutir au port. On y trouve sans peine tout ce qu'on veut acheter. À la surprise de David et de Julie, il y a même un endroit réservé aux échoppes des marchands d'oiseaux. Julie s'y attarde, rêvant de les acheter tous pour les lâcher dans son jardin. Un peu plus loin, Papy s'arrête chez les fleuristes et choisit un bouquet qu'il offre à la maman de Jordi et de Montserrat, pour la remercier de son accueil.

24 Les cadeaux du Tio

Le Tio, bien gonflé sous sa couverture, est prêt à offrir ses présents. Les enfants, en cercle autour de lui, le frappent chacun à leur tour d'un gros bâton.

– Fais attention à bien prononcer les mots de la chanson, dit Montserrat à Julie, sinon le Tio ne te comprendra pas et t'offrira des choses bizarres.

– C'est vrai, dit Carlos, j'ai connu un petit garçon qui avait un défaut de prononciation et le Tio lui a offert des pompons au lieu de bonbons !

Aidés par Jordi et Montserrat, David et Julie s'appliquent à bien chanter et le Tio leur dévoile ses trésors de friandises et de petits jouets.

– Chez nous, les cadeaux importants de Noël sont généralement apportés le 6 janvier, par les Rois mages, explique Carlos. Le Tio, lui, offre de petites surprises.

25 Le repas de Noël

En Catalogne, le repas traditionnel de Noël se compose d'un bouillon, suivi par de la viande (poulet, saucisses et boulettes) avec de la salade, des pois chiches et des pommes de terre, puis par du poulet farci et, enfin, par le dessert. Celui-ci, également traditionnel, comprend du nougat, des fruits secs, du miel, du chocolat, des fruits frais et des pâtisseries appelées « barquillos ».
Les femmes ont passé plusieurs heures à préparer le repas et Mamie a noté les recettes, pour pouvoir le refaire à la maison. En échange, elle a donné à la belle-fille de Carlos la recette de la dinde aux marrons.
À table, c'est Carlos qui se charge de découper le poulet.
– C'est tout un art, explique-t-il. La cuisson n'est rien ! Tout est dans la manière de le découper !
Après le dessert, Carlos annonce qu'est venu le moment de chanter tous ensemble autour du sapin.
– Laisse-nous d'abord respirer un peu ! supplie Papy. J'ai tant mangé que ma ceinture me serre le ventre et bloque ma respiration !
– Je suis un peu comme toi, avoue Carlos. Installons-nous dans un fauteuil et écoutons les enfants. D'ailleurs, ils chantent mieux que nous !

26 Les cadeaux de Noël

À leur réveil, les enfants ont une merveilleuse surprise : des cadeaux les attendent au pied du sapin.

– Qui les a apportés ? demande David. C'est trop tard pour le être Père Noël.

– Et trop tôt pour les Rois mages, ajoute Jordi.

– Vous oubliez que Julie avait écrit au Père Noël pour l'avertir que nous serions ici, rappelle Papy.

– Et moi, j'avais prévenu les Rois mages pour que vous ayez tous les quatre vos cadeaux en même temps, explique Carlos. Ils se sont mis d'accord entre eux pour venir aujourd'hui.

Tout heureux, les enfants s'écrient en chœur : « Merci, Père Noël ! Merci, les Rois ! »

– Je suis contente que le Père Noël soit venu ici, dit Julie. J'avais peur, s'il allait chez nous, qu'il tombe dans un chaudron de Philomène en descendant par la cheminée !

27 La tradition des Rois

– Pourquoi recevez-vous vos cadeaux des Rois mages ? demande David.

– En souvenir des cadeaux qu'ils ont faits à Jésus, explique Carlos. Connaissez-vous leur histoire ?

– Oui, répond David. Ils avaient appris la naissance du fils de Dieu et l'ont trouvé en suivant l'étoile.

– Et ils lui ont apporté des trucs bizarres, continue Julie : de l'or, et deux autres choses que j'ai oubliées.

– Moi je sais, dit Jordi, c'était deux parfums : de la myrrhe et de l'encens.

– C'est peut-être parce que Jésus était dans une étable, ajoute Montserrat. Alors, comme ça ne sentait pas très bon, ils lui ont offert du parfum. Mais, pour nous, ils apportent des jouets. C'est beaucoup mieux !

28 Le « porron » et la « llufa »

Carlos a mis Papy au défi de boire à la régalade avec le « porron », dont il faut bien diriger le jet pour avoir le vin dans la bouche et non dans le nez. Pendant que Papy s'y exerce, Carlos explique comment les Espagnols commémorent le 28 décembre, date du massacre des Saints Innocents par Hérode, roi des Juifs.
– Hérode voulait tuer Jésus car on lui avait prédit qu'il deviendrait roi à sa place. Ne sachant pas où il était, il ordonna à ses soldats de tuer tous les petits garçons de moins de deux ans. Joseph, prévenu par un songe, s'enfuit en Egypte avec Marie et Jésus. En souvenir des enfants tués, les petits Espagnols fabriquent des bonshommes de papier qu'ils accrochent dans le dos des gens, comme votre « poisson d'avril ». Nous appelons ça la « llufa ». Jordi et Montserrat accepteront sûrement de vous montrer comment faire !

29 Deux bons guides

Carlos, Jordi et Montserrat emmènent leurs invités en promenade. De la montagne de Montjuich, où se trouvent une vieille forteresse et le stade olympique, ils peuvent voir toute la ville de Barcelone avec, à l'ouest, la montagne du Tibidabo et, à l'est, le port et la mer.
– Il y a beaucoup de clochers à Barcelone, remarque Mamie.

– Je peux les nommer tous, dit Jordi : le temple de la Sagrada Familia, la cathédrale, l'église de Sainte-Marie-de-la-Mer et celle du Pino.
– Bravo ! le félicite Papy. Tu es un bon guide.
– Et la statue, là-bas, c'est Christophe Colomb, s'écrie Montserrat. Tu vois, moi aussi, je suis un bon guide !

30

La fontaine de Canaletas

Carlos a prévu une dernière visite à Barcelone.
– Nous allons d'abord acheter les raisins pour le nouvel an, dit-il, car la tradition est d'en manger douze à minuit : un pour chaque mois de l'année. Et, comme vous le savez, j'aime qu'on respecte les traditions, surtout quand elles sont bonnes comme le raisin. Ensuite, je vous emmène voir la fontaine de Canaletas, dont la légende raconte que toute personne qui y boit reviendra un jour à Barcelone.
David et Julie, penchés sur la fontaine, boivent tant d'eau que leur ventre gonfle à vue d'œil.
– Je crois qu'ils ont envie de revenir ! confie Montserrat à son grand-père.

Saludo, Año Nuevo !

31

C'est la fête ! Masques et cotillons pour les enfants, chapeaux en papier pour tout le monde... sauf pour ce sacré Papy qui a gardé sa casquette !
Au son des cloches de minuit, on déguste les douze raisins, en faisant ses adieux à l'ancienne année et en se souhaitant le meilleur pour la nouvelle.
– Les bonnes résolutions, ce sera pour demain, déclare David. Aujourd'hui, c'est le temps des souhaits !
– De toutes façons, il n'est pas question que je repeigne les chambres ! annonce Papa.
– Je souhaite... commence David.
– Qu'on se retrouve tous... poursuit Jordi.
– Pour la fin de l'année... ajoute Julie.
– Chez vous ! termine Montserrat.
– C'est d'accord ! s'écrient tous les adultes en chœur !

Table des matières

Janvier

Février

Mars

Avril

Mai

Juin

Juillet

Septembre

Novembre

Août

Octobre

Décembre

rue de Chevron, 106
B-4987 Chevron

N° d'impression : 45600011
Dépôt légal : 05.01/0058/068
Édition 09.01 - Imprimé en Pologne